U0076934

英才教育
天生我材必有用

賀淑曼 著

作者簡介

賀淑曼教授，出身於教育世家，從教 近五十年，曾教過數以萬計的學生，已遍 及海內外。1993 年由中國科技大學（少年 班）調至北京工業大學。先後開創了北工 大心理諮詢中心及青少年發展心理教研室 的工作，均歷任主任。1995 年帶頭創建了  中國人才研究會超常人才專業委員會，現任名譽會長。2000 年前後曾在全 國心理教育界兼職二十餘項。先後八次擔任英才（超常）教育國際論壇會、 國際天才兒童教育研討會及海峽兩岸超常人才教育研討會的大會主席及副主 席，多次率團赴臺灣進行學術交流。

榮譽：約十餘種，如：「五個一工程獎」（國家文化最高獎）、人事部 「人才科研優秀獎」、北京市教委「心理素質教育突出貢獻獎」、中國科大 少年班「優秀班主任獎」、中國人才研究會超常人才專業委員「超常人才教 育終身成就獎」等。

著作：二十餘部，影響較大者如：《健康心理與人才發展》、《成功心 理與人才發展》、《創新素養與人才發展》、《讓孩子贏在網路時代》、 《圓普通人的天才夢——超常人才教育》、《創新與超常發展——像天才一 樣思維》、《天生我材必有用：英才教育學》等。

名家推薦

　　本書提出的「英才教育」，不僅僅是對英才兒童的教育，它也是面向普通學生開發潛能的高素養優才教育。英才教育認為：「天才也怕選錯行」，選對人生舞臺比努力和天賦更重要，那就是「天生我材必有用」。我很認同這些觀點。育英才，是改變民族命運、改變家庭和個人命運的捷徑。本書詮釋了育英才的最新理念和操作，很值得各界人士研讀。

──吳武典

世界資優兒童協會前會長、

國立臺灣師範大學前教育學院院長

　　中國為什麼出不了傑出人才？體制、制度、政策等是主要原因。此外，不按傑出人才的成長規律和特質去辦教育，也是重要原因。傑出人才的成長規律和特質是什麼？如何遵循與關注？至今沒有答案。我驚喜地發現，這本書提出的「英才全人教育」，不僅詳盡地論述了傑出人才的特質，而且也論述了這些特質的發展規律和培育方法。這是一本令人震撼的好書，值得認真一讀。

──王通訊

中國人事科學研究院前院長、人才學創始人之一

　　本書提出了「英才全人教育」的理念，它關注了兒童青少年的生存環境、身心健康、心靈世界以及人性與和諧人格的自由全面發展，關注了兒童青少年的生命價值及命運，同時還關注了教師的師德與身心健康。此外，書中有諸多便於操作的心理訓練，令人耳目一新。本書語言優美、示例感人，

從中體現出的科學性與趣味性、獨特性與獨創性值得稱道。在此,特向老師和家長們推薦此書。

——**林崇德**

中國心理學會前會長、北京師範大學資深教授

我認同本書作者依據傑出人才的特質和成長規律,分階段實施「英才全人教育」的觀點,特別是在基礎教育階段,普及英才教育,不僅是提升全民素質的良策,也體現了教育的最大公平,即每個孩子都有享受最好教育的權利,這也正是當今世界英才教育發展的大趨勢,我特向各界人士,特別是教育決策者、老師、家長推薦此書。

——**蔡典謨**

世界資優兒童協會前會長、國立臺東大學前校長

人人都能出類拔萃，你也可能成為英才

「人人都能出類拔萃」？這是傻話、夢話吧？近三十多年教改告訴我們：大陸多少名校精心培養的 3,300 多名「高考狀元」全軍覆沒，沒一個出類拔萃的；千萬大學畢業生、研究生失業，乃至成為「啃老族」；精心選拔的「神童班」，雖然沒有全軍覆沒，但他們本該人人都成為頂尖人才的，卻有三分之二以上泯於平庸。這些難道不值得反思嗎？在中國出類拔萃，不那麼簡單吧？再看以下國外「差生」（學習成績差的學生）成為世界頂尖科學家的人，他們在中國能出類拔萃嗎？

國外「差生」變天才，獲得諾貝爾獎者不只一個，如：2012 年諾貝爾生理學或醫學獎得主——英國的約翰·格登，曾是倒數第一名；2008 年諾貝爾物理學獎得主——日本的益川敏英，是個幾乎不通英語的「差生」；2002 年諾貝爾物理學獎得主——日本的小柴昌俊是「差生」；1987 年諾貝爾化學獎得主——美國的唐納德·克拉姆，是個倒數第一名的「差生」；1981 年諾貝爾化學獎得主——日本的福井謙一，是一個化學不及格的「差生」；1922 年諾貝爾物理學獎得主——美籍猶太人愛因斯坦，從小是「差生」；1910 年諾貝爾化學獎得主——德國的奧托·瓦拉赫，讀中學時幾乎門門功課不及格……在政界和商界者更多，不再列舉。這些人如果在中國，將有如何的命運呢？

筆者根據自己終生從教，及近三十年從事超常（資優）教育的研究、實踐，特別是近十餘年的冷靜反思和感悟認為，除了教育體制、政策、制度等之外，我們對教育的認知和教育理念尚有嚴重不足和錯位，特別是對英才（天才）的認知和教育理念的錯位等，如我們太重視知識和分數，嚴重忽略了社會化教育等。

一、天才是天生的嗎？重新認識英才（天才）

根據實踐是檢驗真理的唯一標準。

(一) 什麼是英才（天才）？

英才即萬分之一的頂尖級人才，屬於天才。

心理學認為智商 140 以上者為天才。人才學認為，「放對地方的人才，就是天才或英才」。因為「天才也怕選錯行」，「擺對位置比天賦更重要」。

筆者認為，人才是有等級的，即：十裡挑一為一般人才，百裡挑一為優秀人才，千裡挑一為傑出人才，萬裡挑一為英才或精英或天才。

(二) 天才是天生的嗎？

傳統的英才（超常）教育，確信天才是天生的。如奧運金牌選手劉翔是天才，普通人再教育和努力，可以提高跳欄水準，但永遠不可能成為像劉翔一樣的天才。

筆者質疑：如果想把劉翔培養成數學家、物理學家或芭蕾舞藝術家等，恐怕再超常的教育和努力，也幾乎是不可能成為英才的！所以，選對人生舞臺比天賦更重要。

二、英才全人教育：理論上的重大突破

為了與時俱進，我們必須重新認識超常（資優）教育。

在超常教育正本清源地回歸英才教育後（見第一章），在教育改革的深水區裡，只有全方位的理論突破，才是唯一的出路。

以下理論，是根據美國、臺灣兩個先行者的做法，加之反思自我，而提出的。

(一) 多學科交叉：重大突破之一

傳統的天才教育或超常（資優）教育的理論，多出於心理學，而英才教育

的基本理論的突破在於，它是由：教育學、心理學、人才學、創造學、倫理學、管理學等多學科交叉融合的結果。它在傑出人才的成長中，必將逐漸顯示出「雜交品牌」無與倫比的魅力。它注重「品德」和「管理」，因為很多高智商的英才，泯滅於品德不良和教育管理不當。

(二) 兩條腿走路：重大突破之二

在一個多元化的社會裡，教育應適合每個孩子的發展，而不是孩子去適應唯一的教育模式。優質教育應在公共教育體制內得以均衡發展。

所謂兩條腿走路，是指：

1. 狹義英才教育：即超常教育。因為英才（超常）兒童是客觀存在的，而且是人才開發的富礦，應該有適合他們的教育。由於英才兒童僅占總兒童的1%至3%，限制很大，故稱之為「狹義的英才教育」。
2. 廣義英才教育：是針對普通學生開發潛能的高素養、高才教育，也稱英才全人教育。該定義、該理論提出的前提為何，以及英才全人教育與普通教育之不同等疑問，詳見本書第二章。

(三) 全新的概念：重大突破之三

英才全人教育承認個體天賦的差異，但否認天才是指智商 140 以上者，因為太多的現實與其不符。英才全人教育認同人才學的說法，即「天才是放對地方的人才」，即選對人生舞臺比智商等更重要，「天才也怕選錯行」，在現實生活中，很多泯於平庸的高智商者，多敗於「選錯行」。

英才全人教育是生命價值的教育，它注重大愛無私的人性，強調「真、善、美」的靈魂教育，它不培養失去靈魂的卓越者，那是蹧踐人類的害群之馬。

英才全人教育認為，傑出人才有大器早成及大器晚成兩種，它不是英才兒童的專利，每個兒童都是發展的天才，人人都有無限的潛能等待開發，即人人都有出類拔萃的機會。英才教育將全方位地施展教育的基本功能。

(四) 全新的教育依據：重大突破之四

不論狹義英才教育或廣義英才教育，在基礎教育階段均應依據傑出人才的成長規律教育，並把傑出人才的五大特質，從小種在每個孩子心中。

(五) 傑出人才的成長規律：基本特質的發展歷程

1. 強烈的使命感（即責任感）：它是理想、信念、目標、價值觀、危機感、緊迫感等的綜合。人一旦有了使命感，任何苦難都能戰勝。它的發展歷程是：好奇→興趣→樂趣→志趣（使命）。

2. 持久的熱忱：即非凡的情感和意志。它的發展歷程是：方向→竭力→自制→激勵。

3. 超常的創新：創新是英才的本質，超常的創新是左右腦都發達和協調的體現。它的發展歷程是：疑問→批判→想像→首創。

4. 超常的績效：這是一個以績效論英雄的時代，沒有非凡的績效，何談英才？它的發展歷程是：管理＋方法＝成就。

5. 非凡的領跑力：特質＋決策力＋執行力。憑藉著傑出人才的特質，和英明的決策力及高效的執行力，率領團隊飛跑。

三、人人都能出類拔萃：彰顯教育的基本功能

教育的基本功能是：提升全民素質並為社會培養各種人才。創造人人都能出類拔萃（出人頭地）的條件就是：

首先，實施三十人以內的小班教育，即讓老師有精力關注每個孩子的成長。

其二，普及英才教育，給每個孩子出類拔萃的資本。即從早期教育開始，在開發智能和情商的前提下，利用心理訓練等方法，把傑出的種子（五大特質）種在每個孩子心裡，從而提升全民素質。

其三，找對位置，比什麼都重要。這就是把傑出的主權交給孩子。因為不是人人都想成為英才的，只要具有傑出人才的基本特質，也就可以成為一個普通的好人。但對於那些還想繼續奮鬥的人來說，就必須學會：把握機遇、創造

機遇，即尋找適合自己的位置。

四、英才教育學：由淺入深的魅力

在網路時代，語言創新進入了高峰，幽默、輕鬆、富有激情的作品愈來愈多，本書也不乏有此傾向。

本書雖然是學術專著，但絕不是乾巴巴的說教。書中有九十多個「示例」故事，它由淺入深地讓你在娓娓敘述中感受英才教育的魅力。本書是理論與實務相結合的產物，也是科學性、前瞻性、首創性、趣味性相結合的作品。它有諸多功能，比如，如果作為教材，它是饒富新意的活水，書中有「思考活動」專欄和「請您深思」專欄，不論你是老師或學生，都要像主人翁一樣不停地思考；如果你是家長或其他社會人士，你也會有「踏破鐵鞋無覓處，得來全不費工夫」之感，從中找到你所需要的理念、方法或示例。如果你沒有時間細讀，書中有「本章語錄」和「本章摘要」，簡潔而富有深意的精闢雋永之語，也會讓你眼前一亮，心情激盪。請趕快打開本書，一睹為快吧。

賀淑曼

2014 年 6 月 15 日

目次

Chapter **3** 育未來英才 —— 依據傑出人才的特質 · *071*

Chapter 4　再圓傑出夢——打造魅力個性 · *111*

Chapter 5　家教育英才——輸贏在哪裡？ · *143*

Chapter **6** 科技英才教育——探究 → 反思 → 再探究 · *181*

Chapter ❶

育頂尖級人才──
英才教育學

　　人類最偉大的發現和發明多是傑出人才的
創新和貢獻，如果沒有他們，人類就不會進步
得那麼快。凡有雄才大略的政治家、思想家、
軍事家，無不把傑出人才作為治國安邦之本。
當今英才已成為世界各國競爭的制高點，英才
教育引起了各國戰略領導者的關注，它牽動著
億萬教師、家長及社會人士的心。讓英才成長是
世界的責任。

　　孟子曰：「得天下英才而教育之，一樂也。」那麼，什麼是人才？什麼是英才呢？

　　有人說古人云：「十裡挑一的人才為『傑』才；百裡挑一的人才為『豪』才；千裡挑一的人才為『雄』才，萬裡挑一的人才為『英』才。」若用現代的想法觀念說，筆者認為，十裡挑一者為「小才」，即初小人才；百裡挑一者為「人才」，即有一定創新績效者；千裡挑一者為傑出人才，即高級人才，或優秀、卓越人才；萬裡挑一者為「英才」，即頂尖級人才或天才。具體說，就是站在世界最前端或國家最前端的某學科領軍人才。若按萬裡挑一來說，13 億人口的中國，英才最少也應有 13 萬人，若要經濟、軍事等領先世界，科技英才的比例更大。而現實呢？實在令人焦慮。

　　為此 2005 年 7 月 29 日，病榻上的錢學森（右圖）曾五、六次向中國總理溫家寶進言：「現在中國沒有完全發展起來，一個重要原因是沒有一所大學能夠按照培養科學技術發明創造人才的模式去辦學，沒有自己獨特的、創新的東西，老是『冒』不出傑出人才。這是很大的問題。」（李斌，2005）

　　錢老的「世紀之問」，成了中國教育界的一大懸案，勾起了長期以來埋在我們心底的疑慮，在人民網「強國論壇」引起了熱烈討論。億萬教師、家長都在思考這個非常複雜的、牽動敏感神經的大問題，這也是我們長久以來期待解決的問題。

　　在國際社會中，衡量一個國家全面開發的程度如何，有一個不是標準的潛標準，即諾貝爾獎。有關統計顯示：蘇聯 1917 年成立，39 年後得了第一個諾貝爾獎、捷克 41 年、波蘭 46 年、巴基斯坦 29 年、印度 30 年，即平均立國 37 年前後便會有一個諾貝爾獎得主（曾德風，1995）。新中國已成立六十多年了，改革開放也已三十多年了，直至 2013 年，我們才獲得了第一個諾貝爾文學獎，自然科學領域仍是空白。

　　「諾貝爾獎之痛」和「錢學森之問」，逼迫我們「認識自我，反思自我」。

壹、歷史告訴我們：中國離諾貝爾獎曾近忽遠

歷史是實踐的足跡，「實踐是檢驗真理的唯一標準」，也是一面鏡子，照出進步與倒退，照出真理與悖論，照出經驗與教訓……特別是在網路時代，真理是擋不住的。所以，尊重歷史就是尊重「實踐出真知」。

■ 一、中國離諾貝爾獎：並不遙遠

在中國科技史上，也曾有多位諾貝爾獎得主或與諾貝爾獎擦肩而過的學者，民國時期也曾有過一大批世界級的大師。

（一）民國精英輩出：中國曾靠近諾貝爾獎

據統計，僅 1920 年代，中國物理學家就取得了 14 項居世界領先水準的科研成就，1930 年至 1933 年間，就有 16 項。西南聯大（1938 年至 1946 年因抗戰由南遷的北大、清華、南開在雲南成立）在短短九年中，就培養出 2 位諾貝爾獎得主、一百七十多位兩院院士和眾多學術大師。如授予了「兩彈一星功勳獎章」的 23 位科學家中，王淦昌、趙九章、彭桓武、錢三強、王大珩、陳芳允、鄧稼先、朱光亞等都曾求學於西南聯大。

1. 民國時期世界級科技精英：流芳於世

民國辦大學的歷史不長，有些教授若不回國，很可能摘得到了諾貝爾獎，當時的世界級精英（以下引自王淨文，2011），例如：

示例 1-1　葉企孫：大師的大師

葉企孫（1898-1977），「兩彈一星」鼻祖。楊振寧、李政道的老師，23 位「兩彈一星」功勳得主中半數是他的學生，從他門下走出了 79 位院士，有人稱他是「大師的大師」。他從清華學堂畢業後，1920 年獲哈佛大學哲學博士，師從諾貝爾物理學獎得主 P. W. 布里奇曼，1921 年（23 歲）用 X 射線法獲得當時全球最精確的

葉企孫

普朗克常數值。1924 年回國，是中國物理學會的創辦人之一，是我國磁學第一人。他獻身科學終身未娶。「文革」時，他被誣為國民黨中統特務在清華的頭子（他連普通國民黨員都不是），1977 年 1 月 13 日在貧病交迫、萬眾冷漠的晚景中去世。1987 年得到平反。1995 年在 127 位國際著名學者呼籲下，清華大學為他建造了銅像。

示例 1-2　吳有訓：諾貝爾獎有實無名

吳有訓（1897-1977），1920 年畢業於南京高等師範學校，次年赴美入芝加哥大學，師從康普頓。他成功驗證了「康普頓—吳有訓效應」，1926 年獲博士學位後回國，1927 年康普頓因此獲得諾貝爾物理學獎（而他有實無名）。1950 年任中國科學院近代物理研究所所長，同年12 月起任中國科學院副院長、中國物理學會理事長。

吳有訓

示例 1-3　趙忠堯：與諾貝爾獎擦肩而過

趙忠堯

趙忠堯（1902-1998），1927 年赴美國加州理工學院留學，師從諾貝爾物理學獎得主 R. A. 密立根，1930 年獲理學博士學位，他做過正負電子對的產生和湮滅過程的最早實驗證據。他的同學 C. D. 安德森公布了這一結果的進一步研究，並獲得 1936 年諾貝爾物理學獎。安德森晚年承認，他的獲獎歸功於趙忠堯。1950 年回國，1955 年當選為中國科學院物理學數學化學部委員。

示例 1-4　周培源：諾貝爾獎曾有望

周培源

周培源（1902-1993），1924 年畢業於清華學校高等科。1927 年獲美國加州理工學院理學博士學位，曾先後師從貝德曼及 E. T. 貝爾，做相對論方面的研究，1928 年獲得最高榮譽獎。1929 年回國，年僅 27 歲，1936 年至 1937 年，初步證實了廣義相對論引力論中「座標有關」的重要論點。曾任北大校長、中國科學院副院長、中國科協主席、世界科協副主席、中國物理學會理事長等。

示例 1-5　施士元：諾貝爾獎曾有望

施士元

施士元（1908-2007），1925 年考入清華大學物理系，1933 年獲巴黎大學博士學位。在巴黎大學鐳研究所，曾和居里夫人及其助手一起發現了 α 射線精細結構的能量與一些 γ 射線的能量嚴格相等。1933 年回國，年僅 25歲，成為中央大學（1952 年改為南京大學）物理系教授兼系主任。

另有世界級科技學者，如吳健雄，1975 年任美國物理學會第一任女會長，並獲得美國國家科學勳章，1978 年獲國際性的沃爾夫基金會首次頒發的獎金；袁家騮（袁世凱的孫子，吳健雄的丈夫），曾兩次獲美國科技大獎；薩本棟，解決三相電路問題的國際電機工程學家；馮元楨，有「生物力學之父」美譽，現為美國國家科學院院士等。還有物理學家梅貽琦、饒毓泰、王竹溪、任之恭、張文裕、孟昭英、餘瑞璜等；數學家楊武之、陳省身、趙仿熊、華羅庚等；化學家張子高、黃子卿、曾昭掄、楊石先、張青蓮、張大煜等。

2. 為什麼民國時期精英輩出？

原因有：

- 把教育放在首位：早在 1916 年 10 月，奉系軍閥、奉天省長張作霖就嚴令各縣增加教育經費，使其占全縣總支出的 40%以上，並以此作為考核各縣的標準之一。他甚至以寧可少養 5 萬陸軍的魄力，創辦了東北大學。
- 有一個星光燦爛的教育家和大學校長的群體：如蔡元培、胡適、梅貽琦、張伯苓、竺可楨等，均以其獨特的教育、教學和辦學理念，以及其豐富的人性遺愛人間，從而一直為後世懷念。
- 私人自由辦學，不為自家名利：鳳凰衛視曾專門介紹大地主劉文彩興辦文采中學，該校曾是四川乃至全中國最大最好的私立學校。他除每年清查學校財務一次外，從不干預教育和教學。只在春秋開學典禮上說幾句要學生們發憤學習、報效中華民族的話。文采中學校訓明確規定，校產是學校的，劉家子孫不得占有。

（二）華裔諾貝爾獎得主：教育背景的啟示

為了一目了然，筆者將八位華裔諾貝爾獎得主的相關資訊歸納於表 1-1。

這八位華人自然科學諾貝爾獎得主，均經過美國、英國大學「加工」後才榮獲諾貝爾獎，它給了我們哪些啟示？

表 1-1　八位華裔諾貝爾獎得主的教育背景

姓名	出生	獲獎時間、學科	大學學歷	中小學	其他
崔　琦	1939 年河南	1998 年物理學	美國芝加哥大學博士	香港	小學前兩年在河南
高　錕	1933 年上海	2009 年物理學	香港大學英國倫敦大學	香港	
李遠哲	1936 年新竹	1986 年化學	美國加州柏克萊大學博士	新竹	祖籍：福建
丁肇中	1936 年美國	1976 年物理學	美國密西根大學博士	臺北	祖籍：山東
李政道	1926 年上海	1957 年物理學	西南聯大美國芝加哥大學博士	蘇州南昌	
楊振寧	1922 年合肥	1957 年物理學	西南聯大美國芝加哥大學博士	合肥	
朱棣文	1948 年美國	1997 年物理學	美國加州柏克萊大學博士	美國	祖籍：江蘇
錢永健	1952 年紐約	2008 年化學	英國劍橋大學博士	美國	祖籍：杭州

1.教育公平：讓農村潛天才嶄露頭角

　　崔琦出生在河南農村，是家裡的獨子，1951 年 12 歲的他隻身到香港讀書，這一走就成了永別，父母都在 1960 年代初的大饑荒裡餓死了。央視記者曾問他：「如果媽媽沒有送你出去讀書，你如今會怎樣？」記者以為他會講教育改變命運及感謝媽媽的話語，然而崔琦卻說：「如果我留在農村，或許我還在種地，父親也許就不會餓死了。」幾句最普通的話，他卻道出了「橘生淮南則為橘，生於淮北則為枳，水土異也」的道理。

　　中國農村潛在有多少天才？！所以教育公平，特別是教育資源的分配，對人才培養和對農村孩子是多麼重要（王淨文，2011）！

008

2. 中國教育危機：民族的危機

中國教育改革，特別是高等教育改革，必須從根本上改革，否則「出國潮」的年齡將愈來愈低，他們從小接受外國文化，都成了外籍華人，守望民族文化的只有「草根」人群了，這難道不是民族危機嗎？

■ 二、面對發展機遇：歷史的明鑑

1945 年第二次世界大戰結束後，世界各國各地，即使戰敗國、弱者，都面臨著經濟恢復與發展的大好機遇，不少國家或地區現在已經繁榮起來了。而作為戰勝國之一的中國，為什麼至今「還沒有完全發展起來」？值得我們深思。

（一）敗者、弱者：再度繁榮與崛起

日本和德國是二次世界大戰最大的戰敗國，他們都在奮發圖強之後，奇蹟般地崛起了。為什麼呢？

1. 日本：迅速再繁榮

1945 年日本投降，1949 年湯川秀樹獲諾貝爾物理學獎，給戰後的日本人樹立了自信心。截至 2012 年 10 月 8 日，日本已有 19 人獲得諾貝爾獎，其中科學領域獲獎者有 16 人。其主要原因是：日本從小學開始進行以實驗和興趣為主的科學教育。1995 年 11 月，日本明確提出「科學技術創造立國」是基本國策，重視基礎科學研究、開發基礎技術。可以說，日本是真正透過教育改革而實現民族崛起的。

2. 德國：迅速再復興

二次大戰後曾經被四個戰勝國占領而一分為二的國家，戰後不但在二次大戰的廢墟上建起了名列世界第三的經濟實體，還完成了國家統一。

2010 年德國人均 GDP 是 4 萬美元（中國是 4,283 美元）。截至 2009 年，德國共有一百多人獲得諾貝爾獎。如果把德裔算上，獲獎人數將突破 200 人。

德國成功地迅速再復興，源於三大因素：一是馬歇爾計畫讓德國活了過來；二是社會市場經濟體制是德國成功的保障；三是德國職業教育和博雅（通才）教育世界聞名。德國從幼稚園到小學，只教一些基本的常識，孩子的第一要務是玩得開心。嚴格來講，德國從中學才開始，首先教學生思考，接下來才給學生講框架性的知識。德國沒有高考，只要申請，任何人都可以上大學，但混文憑很難（楊佩昌，2011）。

3. 亞洲「四小龍」：迅速提高

新加坡、韓國、香港、臺灣，原本都是以農業和輕工業為主，1970 年到1990 年的二十年間，它們的經濟發展異常迅速，年平均增長率 8% 左右。它們除了所處的地理位置優越外，對教育的投入在亞太地區也處於領先地位。

但「四小龍」的模式各不相同，值得我們借鑑的是臺灣。臺灣除了重視本土人才的使用和培養之外，還吸引優秀的海外科技人才，允許他們用其專利權或專門技術作為股份進行創業。即「五駕馬車」：工業技術研究院、科技園區、引進矽谷人才、風險投資以及優惠政策，助其最終實現了經濟起飛。

由以上可見，教育對國民經濟的增長，無一例外地產生了決定性作用。

（二）勝者中國：倒退的代價與覺醒

中國為什麼「培養」不出傑出人才？這是一段不可忽視的歷史，現在一代又一代的年輕人，怎懂二次大戰後中國為何打三年內戰，又緊閉國門搞「窩裡鬥」（階級鬥爭）了。以下僅摘取 1957 年至 1977 年這二十年所發生的幾件大事，看中國知識分子所遭遇的滅頂之災便知。

1. 反右鬥爭：數百萬知識精英蒙難

關於 1957 年「反右鬥爭」，我們僅看諾貝爾文學獎得主莫言所看到的在他的家鄉「勞改」的右派們，都是什麼樣的人？

示例 1-6　右派：幾乎個個身懷絕技

　　我們認為，天下的難事，只要找到右派，就能得到圓滿的解決。……離我們大羊欄村三里的膠河農場裡，曾經集合過四百多名幾乎個個身懷絕技的右派。這些右派裡，有省報的總編輯李鎮，有省立人民醫院的外科主任劉快刀，有省京劇團的名旦蔣桂英，有省話劇團的演員宋朝，有省民樂團的二胡演奏家徐清，有省建築公司的總工程師，有省立大學的數學系教授、中文系教授，有省立農學院的畜牧系教授、育種系教授……運動員……還有各個大學的那些被劃成右派的大學生……。

（資料來源：莫言，1998）

　　可見，這些基層最出色的專家人物及優秀大學生，都成了「勞動改造」的賤民。不言而喻，從此，精英、英才、天才便成了一個禁區……。

2.「大躍進」，大饑荒：假、大、空滿天飛

　　「反右」後沒有多少人敢說真話了。1958 年人民公社、「大躍進」，刮起了「共產風」、浮誇風，「人有多大膽，地有多大產」，到處瞎吹。到了 1960 年至 1961 年全國因缺糧餓死 3,860 人（金沖及，2009）。

　　很多基層領導為了討好上級，欺上瞞下，從此，假、大、空等愈演愈烈，社會道德底線被衝破，並一發不可收拾。

3.「文化大革命」：慘絕人寰的十年浩劫

　　1966 年至 1976 年，全國一片武鬥，打、砸、搶、抄、殺，那是消滅當代精英和消滅文化的瘋狂年代。照葉劍英 1978 年 12 月 13 日在中共中央工作會議閉幕式上的說法，整了 1 億人，死了 2,000 萬人，浪費了 8,000 億人民幣。

(1) 真理大劫難，人性惡大釋放

　　「文革」是一個沒有真理、沒有人的尊嚴的年代，把「國家興亡，匹夫有責」視為「犯罪」，誰敢質疑，就是「現行反革命」，施以法西斯暴行。

示例 1-7　為真理而奮鬥：可歌可泣張志新

張志新

1979 年 5 月 25 日《人民日報》第一版〈要為真理而鬥爭〉及 1979 年 6 月 5 日《光明日報》第一版〈一份血寫的報告〉，均報導了：張志新（1930-1975），女，中共遼寧省委宣傳部幹事，面對「文革」血雨腥風的暴行，卻表現出非凡的維護真理的舉動。她說：江青不是什麼「文藝旗手」，而是破壞祖國文化藝術的禍首；彭德懷上書言事，是黨的紀律允許的，不應定為「反黨問題」，應予平反；「打倒那麼多人，從司令部來看，中央委員、中央政治局委員中有問題的人比例那麼大，（我）有些為國家命運和前途擔心」；「林彪說，主席一句話頂一萬句，主席的指示理解的要執行，不理解的也要執行。這樣下去，局面是不堪設想的。」……這就是 1969 年她被定為「現行反革命」抓捕入獄的「證據」。

獄中六年，她的身心受到極大摧殘和折磨：脅迫她離婚；逼迫年幼子女擁護鎮壓反革命母親；縱容囚犯隨意凌辱……她仍拒不認罪。無奈下令處死。處死前怕她再呼出真理的口號，就強行割斷了她的喉管……粉碎「四人幫」後，1979 年 3 月 21 日，中共遼寧省委為她徹底平反昭雪，並追認為革命烈士，稱譽她是中國共產黨的優秀黨員、中華民族的優秀兒女。

張志新的母親在墓碑上寫道：「探求真理，貴在實踐，忠骨毀滅，浩氣長存。」

如今一代又一代年輕人，已不知「文革」的殘暴與恐怖，更不知在那個沒有人性、沒有真理的野蠻時代，張志新是如何用超人的直覺、不屈的意志、不顧生死的勇敢，去詮釋對真理的想法，太偉大了。

1979 年，詩人韓瀚悼念張志新，寫下《重量》：「她把帶血的頭顱／放在生命的天平上／讓所有的苟活者／都失去了：重量。」

(2) 人才大劫難

因為「知識愈多愈反動」，所以「文革」十年，上至國家主席劉少奇，開國元勳彭德懷、賀龍、陶鑄等高層領導人，及國家民族的精英和棟樑，如很多領域的權威、泰斗、大師級人物，都被打成了「走資派」、「反動學術權威」、「特務」、「叛徒」等。他們被「抄家」、「掛牌遊街」、「批鬥」……百般羞辱、折磨，致殘致死，駭人聽聞。知識分子被劃為「臭老九」，打入社會底層。

(3) 教育大劫難

為了推行「讀書無用論」，中國高等院校從 1965 年的 434 所，到 1971 年撤銷了 106 所。1966 年至 1969 年，大學停止招生，許多高等院校遷出大城市，大批教師被下放到農村接受再教育。1970 年，大學開始招生「工農兵學員」（初中以上水準）。把無知的「白卷」小丑，視為學習的典範；把刻苦鑽研、為國家科技事業做出貢獻的學者誣衊為「白專」（不關心政局，一心做學問的人）典型（http://cpc.people.com.cn/GB/64162/64164/4416087.html）。全國上下，不論男女老少都必讀一本「紅寶書」（毛主席語錄）。

我們在演繹，社會的進步就是文明與野蠻的博弈、光明與黑暗的拔河。

4. 改革開放：解救中國經濟、教育等

很多國家和地區在二次大戰後，經濟迅速崛起，可中國仍然窮得吃飯定量。

1976 年粉碎「四人幫」後，中國領導人撥亂反正，扶持正氣，解放思想，平反冤案。1977 年首先恢復了廢止十年的高考制度。1978 年，鄧小平在全國科學大會上提出了「科學技術是生產力」（即知識分子是工人階級的一部分）。同時在胡耀邦的主持下，知識分子的冤假錯案，得到了平反昭雪，並從此揚眉吐氣地走上了社會政治舞臺。接著活絡經濟、設特區，先讓一部分人富起來等。

1983 年 9 月 8 日，鄧小平為北京景山學校題詞：「教育要面向現代化，面向世界，面向未來。」他強調：「要解決人才問題，必須從教育著手。為有利於人才的培養，我國的教育制度必須進行改革。」（周濟，2004）「忽視教育的領導者，是缺乏遠見的、不成熟的領導者，就領導不了現代化建設。」

中國從此踏上了市場經濟之路（http://cpc.people.com.cn/GB/64184/64185/66612/4488767.html）。

（三）贏者美國：引領天才教育

在二次大戰中，美國是最大贏家。1957 年蘇聯成功發射人造衛星後，全美乃至整個歐洲大為震驚。敏感的美國政府次年便頒布《國防教育法》，確定了天才教育的國策，引發了一場全球性的天才教育熱潮。已開發國家和開發中國家及地區也都積極制訂天才教育計畫，給天才教育以特殊政策及立法保護。一場以培養天才為核心的大戰從此拉開了序幕。

貳、中美教育對比：探究教育成敗

美國建國僅二百多年，人口僅有三億多，到 2010 年獲得的諾貝爾獎卻占全世界的約四成。而中國，有五千年的文明史，擁有 13 億人口，本土自然科學諾貝爾獎仍為零。

■ 一、中美教育對比：認識自我缺陷

教育對人類的未來負有特殊而重大的使命，今日教育塑造出的人才在很大程度上決定著明日世界的風貌。

看看中美教育對比，便知「老是『冒』不出傑出人才」的差距在哪裡了。

（一）中美基礎教育對比：兩個極端的利弊

基礎教育不僅要給每個孩子發展的機會，同時要教學生學會如何思考問題，如何生存發展，如何做人、做事，以及如何掌管自己的命運。

1. 1979 年的兩個考察：看中美基礎教育差異

曾見有關兩國教育考察團互訪，以「病入膏肓的美國教育制度與勤奮的中國學生」為題的報導（安徽商網：銅陵市市民論壇官方 QQ），摘要如下：

「1979 年 6 月，中美教育交流剛開始。中國派出一個考察團到美國考察基礎教育。回國後，考察團寫了一份三萬多字的報告，在結論部分寫道：美國的初級教育已經病入膏肓，可以這麼預言，再用二十年時間，中國的科技和文化必將趕上甚至超過這個所謂的超級大國。

同年，作為互訪，美國也派出一個考察團來到中國。他們看了北京、上海、西安的幾所學校後，也寫了一份報告，在結論部分寫道：中國學生是世界上最勤奮的，起得最早睡得最晚，他們的學習成績和世界上任何一個國家的同級學生比，都是最好的。可以預測，再用二十年，中國在科技和文化方面，必將把美國遠遠地甩在後面。

三十餘年過去了，美國『病入膏肓』的教育制度共培養了六十多位諾貝爾獎得主和二百餘位知識型的億萬富豪，如賈伯斯和比爾·蓋茨等。而中國還沒有一所學校培養出一名這樣的人才。」

2. 中美基礎教育：差異和利弊

我們必須承認，中美兩國對基礎教育理念和教育思想存在巨大差異。

(1) 中國基礎教育：培養「自卑」的機器

中國孩子從小就知道人是分等級的，因為學習成績要排名次，學校也有重點和一般之分。學生從小就有人當大小班幹部。而多數學生從小就被定位為學習一般的學生或「差生」，是被人領導、被人管理、被老師批評的次等生，所以自認為「我不行」——自卑的教育。

中國大陸應試教育培養的是：答錄機、複讀機、計算器。從小所練的「基本功」就是：多學、多練、多記、多考。所以只會考試，不會創新。

(2) 美國基礎教育：能力和自信教育

美國中小學以培養學生「學會」自我教育、探索未知世界為歸宿。其「基本功」是：多看、多讀、多問、多想、多做。美國注重學生的閱讀能力、批判

性思維、獨立思考、創造性、發現問題和解決問題的能力，以及學以致用的實踐能力的培養。他們沒有排名及大小班幹部。老師認為，每個孩子都有獨特的能力。學校有幾十甚至上百種社團，運動隊、樂隊、模擬法庭、模擬聯合國以及各種州際學術、體育、科學比賽項目，使這些中學生忙得不亦樂乎。

　　有人總結中美教育差異時說：美國學生為興趣而學，中國學生為分數而學；美國教育重啟發，中國教育重灌輸；美國重視創造力，中國重視記憶力；美國老師是朋友，中國老師稱師長；美國學生不選班幹部、三好學生（指學習好、思想好、身體好的學生），中國學生從小就分三六九等；美國學生重社區服務，中國學生重「閉門讀書」；美國學生成績是隱私，中國學生成績張榜公布等。

（二）中美高等教育對比：慘痛的反思

　　美國只有二百多年的歷史，而哈佛建校已有 378 年了（建於 1636 年）。全世界諾貝爾獎得主中，70%在美國大學工作。中國有五千年文化，1895 年才出現大學，即北洋大學堂（比哈佛晚 259 年），至今無自然科學方面的諾貝爾獎得主。中美高等教育不在同一個層級，無可比性，但有可學性。

1. 美國大學：為何領先世界？

　　美國各種高等院校約 4,000 所，真正研究性大學一百多所，他們領先世界的主要原因是「沒有體系」，即聯邦政府對高等教育不做通盤規劃，所以是一個多元、靈活的大學體制。而大學校長「必須在學術上出類拔萃，又能跨出本學科，像個交響樂隊的指揮那樣領導一群特立獨行的學者……」（薛湧，2006）。

(1) 美國大學：寬進嚴出

　　在美國，任何有高等教育需求的公民都可以獲得他所期望的教育。美國本科學院招生大致有兩種情況：一是水準較高的院校採取選擇性招生；二是一般院校，幾乎是開放招生。而考生按照院校要求提出申請和相關資料（包括高中成績單、標準化考試成績、推薦信、申請短文等內容），由各院校的錄取委員會（由各學科專業教授擔任）負責審查，與政府無任何關係。

　　美國大學入學容易畢業難，尤其是名校。以下是中央電視臺《世界著名大

學》攝製組採訪哈佛大學的部分內容（詳見央視網紀錄片《世界著名大學：哈佛大學》，2010 年 4 月 27 日）。

> 示例 1-8　哈佛大學：精英的煉獄
>
> 　　美國哈佛大學是一個不夜城。半夜兩點，在餐廳裡、圖書館裡、教室裡還有很多學生在看書，同時到處可以看到睡覺的人。
>
> 　　在哈佛校園裡，不見華服，不見化妝，更不見晃裡晃蕩，只有匆匆的腳步，見到最多的就是學生一邊啃著麵包一邊忘我地看書。
>
> 　　哈佛有煉獄的感覺，如果挺過去，以後再大的困難也就能夠克服了。學生的學習壓力來自學校的淘汰機制，即有 20% 的學生會因為考試不及格或者修不滿學分而休學或退學。淘汰的考評成績有 50% 來自每堂課的發言成績，這就要求學生各科均衡、不能放鬆。
>
> 　　在哈佛，征服學習是每個人的口號。哈佛課程安排多而緊張，其目的是幫助學生提高批判性思維能力和想像力，學會發現和鑑別事實真相，堅持對事物進行嚴謹的分析，能從歷史層面理性認識現實問題和道德問題，練就長時間超負荷學習的毅力。在哈佛圖書館牆上有 20 條訓言，似乎這就是答案：
>
> 1. 此刻打盹，你將做夢；而此刻學習，你將圓夢。
> 2. 我荒廢的今日，正是昨日殞身之人祈求的明日。
> 3. 覺得為時已晚的時候，恰恰是最早的時候。
> 4. 勿將今日之事拖到明日。
> 5. 學習時的苦痛是暫時的，未學到的痛苦是終生的。
> 6. 學習這件事，不是缺乏時間，而是缺乏努力。
> 7. 幸福或許不排名次，但成功必排名次。
> 8. 學習並不是人生的全部。但既然連人生的一部分——學習也無法征服，還能做什麼呢？
> 9. 請享受無法迴避的痛苦。

10. 只有比別人更早、更勤奮地努力，才能嚐到成功的滋味。

11. 誰也不能隨隨便便成功，它來自徹底的自我管理和毅力。

12. 時間在流逝。

13. 現在流的口水，將成為明天的眼淚。

14. 狗一樣地學，紳士一樣地玩。

15. 今天不走，明天要跑。

16. 投資未來的人，是忠於現實的人。

17. 受教育程度代表收入。

18. 一天過完，不會再來。

19. 即使現在，對手也不停地翻動書頁。

20. 沒有艱辛，便無所獲。

在哈佛廣為流傳的一句格言是「忙完秋收忙秋種，學習，學習，再學習」。

哈佛學生對所學領域的強烈興趣，以及學生心中燃燒的要在未來承擔重要責任的使命感讓我們驚嘆。到了哈佛，你才知道真正的精英並不是靠天賦，而是看誰付出更多的努力。

(2) 美國大學：教授與大師

示例 1-9　哈佛大學：教授的風采

哈佛大學羅爾斯教授，十五年不發表任何文章，一直琢磨他的《正義論》，現在這本書成了經典著作。他講課非常認真，當他講完一學期的課後向大家告別，學生們不約而同地起立鼓掌，他已經離開教室很遠，學生還在鼓掌，為他的學術精神而鼓掌。有在場的中國學生問，你們要鼓到什麼時候？他們回答，要這個教授在很遠的地方仍然能聽到掌聲。

（資料來源：周凱，2010）

　　教授如果真正崇尚學術和真理，就要休養生息，這樣才能做出大成果。愛因斯坦沒寫過多少論文，但僅一篇〈狹義相對論〉就足以讓他成為令人敬仰的科學家。所以，一切急功近利和浮躁，都不可能有大作為。

示例 1-10　普林斯頓大學：廣納天才

約翰・納許

　　美國赫赫有名的數學家、博弈論大師約翰・福布斯・納許，生於 1928 年，從小孤獨內向，不善交際。17 歲考入普林斯頓大學，21 歲獲博士學位，30 歲時，被美國《財富》雜誌評為新一代天才數學家中最傑出的人物。正當他事業如日中天時，卻出現了各種狂想古怪的行為，如他幻想成立一個世界政府；他覺得《紐約時報》上的每一個字母都代表著神秘的含義，而唯有他才能讀懂其中的寓意；他認為，用數學公式可以表達世界上的一切；他有時相信自己是上帝的一隻左腳，有時又告訴人們他是南極洲帝國的皇帝……就在他快要當爸爸的時候，他被送進了精神病院。

　　普林斯頓大學是一個廣納天才的地方，他們一直沒有放棄納許，一直給予他良好的學習和研究環境。終於，納許在深愛的妻子艾麗西亞的關愛和幫助下，戰勝了病魔，並在 1994 年獲得了諾貝爾經濟學獎。

　　（資料來源：取自百度 http://baike.baidu.com，2013 年 10 月 26 日）

　　美麗而瘋狂的心靈，只有在包容異類的環境中才能生存發展。愛因斯坦也曾經常頭髮散亂、披著被子在外面行走。試想，如果納許或愛因斯坦出現在中國，他們能生存嗎？

2. 中國大學：改革往何處走？

　　中國大學為什麼出不了傑出人才？著名教育改革家、武漢大學前校長劉道玉先生在〈徹底整頓高等教育十意見書〉中說：「……片面追求高速度，帶來

了諸多嚴重問題，如教學品質嚴重下降，大學畢業生就業困難，研究生泡沫化，學風浮誇和學術造假，教授和博士生導師素質嚴重下滑，教育產業化或變相產業化愈演愈烈，大學中的鋪張浪費嚴重，債務累累，官本位愈來愈嚴重……」（劉道玉，2009）。

示例 1-11 中美大學對比：「我以前上的哪是大學啊！」

　　一名在麻省理工學院（MIT）讀大二的中國留學生是世界奧林匹克物理競賽金獎得主，高中畢業被保送北大。他覺得大學的日子基本上是在「混」中度過：一個學期選十門甚至更多的課都沒問題，只要考試通過就可以了。到了 MIT，雖然只選了五門課，但他感到異常繁忙：每門課老師都要求大量地閱讀，有的課還必須做大量的實驗，稍微掉以輕心就跟不上。晚上在圖書館熬夜看書到深夜更是十分普遍。這名留學生感嘆：「我以前上的哪是大學啊！」

（資料來源：賀延光，2012）

　　美國學生是「休閒」十二年，大學開始玩命似地學習。中國學生是刻苦學習十二年，到大學休閒四年。哈佛告訴它的學生：「學習時的苦痛是暫時的，未學到的痛苦是終生的。」而我們的大學生，正在品嚐這種痛苦，我們的民族也在為此付出代價。

　　衡量頂尖大學，不是看大樓及學校規模大小，或教授、博士的多少，而是看畢業生的平均水準，更要看培養的傑出人才的數量和品質。

　　劉道玉先生在〈徹底整頓高等教育十意見書〉一文中開出的藥方是：廢除自學考試制度；取消不合格的在職研究生學位；砍掉一半大學的博士授予資格；大學必須與所謂「獨立學院」脫離關係；讓成人教育回歸職業教育；停止大學辦分校；整頓大學的科技開發園和研究院；實行教授定編制；砍掉三分之二的大學出版社和學報，剽竊抄襲見光死；整頓大少爺作風，嚴查大學財務支出（劉道玉，2009）。

💡 **思考活動 1-1**

　　你心目中的大學和大師是什麼樣？如果你是教育部部長，你認為大學應如何辦學？請將你的看法寫在下面。

_____

_____

_____

_____

_____

■ 二、賈伯斯的成功：值得英才教育深究

　　正當世界各國都在關注傑出人才培養時，史蒂夫·保羅·賈伯斯這個被稱為當今美國創新的符號、卓越的代名詞的人，引發了各國解密之熱，為此，我們很有必要聽聽他的故事對英才教育有哪些啟發。

示例 1-12　天才賈伯斯：無高學歷和高職稱

　　賈伯斯 1955 年 2 月 24 日出生，一週後被遺棄，他的養父保羅·賈伯斯是一名機械工程師，沒錢沒勢。他本人沒有高學歷，也沒有教授、博士生導師等高職稱，但他是當今最偉大的發明家（他擁有約 600 項發明專利）和企業家。25 歲時，他成了億萬富翁，曾擁有淨資產 83 億美元

賈伯斯

（2011 年富比士財富榜），成為橫跨 IT、手機和多媒體三大領域的領袖偶像。他是一個改變了世界的不可思議的電腦奇才。

（一）為了興趣：瘋狂與癡迷

示例 1-13　要像愛迪生那樣，對改變世界做出貢獻

　　賈伯斯生長在著名的「矽谷」附近，鄰居都是「矽谷」元老——惠普公司的職員，受其影響，中學時就在學校電子俱樂部與比他長 5 歲的俱樂部會長沃茲尼克一見如故。後經惠普工程師推薦參加了公司的「發現者俱樂部」。在那裡他第一次見到了電腦，一個朦朧的認識進入了他的大腦。

　　17 歲時，他選擇了很昂貴的大學，幾乎花光了父母所有的積蓄。半年後，他決定休學，但仍留在學校選修他極有興趣的美術字課程。那種美感和藝術驚喜，實在太迷人了。這就是現在個人電腦之所以有如此美妙字形的由來。回頭看，那的確是他一生中最棒的決定。

　　輟學後，他內心矛盾、壓抑。曾是個玩世不恭的嬉皮，留著長髮，吸食大麻；當過駭客被員警處罰；19 歲在 Atari 公司時因邋遢、異味太重，被安排去上夜班。

　　每個人在年輕時都有過人生價值的思考，賈伯斯也不例外。他曾對佛教產生過極大興趣，並丟棄工作，漂洋過海去印度朝聖修行，吃盡苦頭，並不如願。但他學會了禪學、打坐、頓悟，這也成了他終生的追求。最後他覺得自己要像愛迪生那樣對改變世界做出貢獻，於是潛心於自己的興趣研究。

示例 1-14　努力與癡迷：由窮光蛋到億萬富翁

　　1976 年，他與中學好友沃茲尼克在自家車庫裡創立了蘋果電腦公司，他倆沒日沒夜，十年間，公司由兩個窮光蛋擴展到 4,000 名員工，價值 20 億美元。在第九年，公司推出了最好的產品——Macintosh 電腦，30 歲時賈伯斯獲得了由雷根總統授予的國家級技術勳章。然而，成功來得太快，同年因內部高層權力鬥爭，他被自己創辦的蘋果公司拋棄了，這件事鬧得滿

城風雨，使他心力交瘁……他決定從頭開始，又成立了 NeXT 公司。他的生命又進入了新的創造階段。

然而，正當蘋果公司瀕臨絕境時，他不為高薪（年薪 1 美元）重新上任 CEO，並大刀闊斧地改革了董事會，與宿敵微軟公司握手言和，締結了舉世矚目的「世紀之盟」。在他執掌蘋果二十五年時曾說：「我們的目標從來就不是打敗競爭對手或掙錢，而是做盡可能不平凡的事情或更偉大的事情。」

他的最大創新是把便捷上網、圖形化及聽音樂「三合一」的新款手機——iPhone。它不僅可以裝進口袋裡，而且它讓人們隨時隨地用手指輕輕點擊或觸摸就能看到或得到世界上任何東西，它神奇地改變了人類的生活模式，改變了世界，他是一位有著科學家頭腦和藝術家審美觀的當代愛迪生。

他 34 歲被《財富》雜誌評選為十年間美國最佳 CEO。36 歲與勞倫‧鮑威爾結婚，建立了一個幸福完美的家庭，並生了三個孩子。同年當選為《時代週刊》年度風雲人物之一。48 歲患了胰腺癌，對待死亡，他坦然地說：「沒有人願意死，即使人們想上天堂，也不會為了去那裡而死。但是死亡是我們每個人共同的終點，從來沒有人能夠逃脫它。死亡是生命中最好的一個發明。」他 56 歲告別了人間。

美國是一塊適於創造巨大個人財富的土地。每一代人中都會出現一兩個傑出人物。他們的成功基於那些令人驚訝的新興產業，他們的成功證明了，狂熱、誠實的夢想在這塊土地上能產生巨大能量。

💡 思考活動 1-2

請你談談對賈伯斯的認識及感受最深之處，並寫下來。

_____

_____

_____

（二）解讀賈伯斯：創造人格對教育的啟示

為了培養更多的賈伯斯式的英才，當今解碼賈伯斯的「創新DNA」在美國頗為熱門。但複製任何人都是不可能的，因為每個人都有獨一無二的家庭背景和經歷。筆者認為，他的創造心理和人格是培育英才的寶貴啟示。

1.賈伯斯：創造心理與人格魅力

「成功沒有捷徑。你必須把卓越轉變成你身上的一個特質，最大限度地發揮你的天賦、才能、技巧，把其他所有人甩在你後面。高標準嚴格要求自己，把注意力集中在那些將會改變一切的細節上。變得卓越並不艱難，從現在開始盡自己最大能力去做，你會發現生活將給你驚人的回報。」賈伯斯說。

以下是筆者歸納的賈伯斯的點滴「語錄」，以展示他的創造心理與人格魅力。

(1) 使命感：目標的力量

賈伯斯說：「擁有使命感和目標感才能給生命帶來意義、價值和充實。」「指示著我們的渴望、興趣、熱情以及好奇心，這就是使命。」「我們的目標從來就不是打敗競爭對手或者掙錢，我們的目標是做盡可能不平凡的事情或者更偉大的事情。」

(2) 好奇與興趣：非凡的洞察力

賈伯斯說：「擁有初學者的心態是件了不起的事情。永遠充滿好奇、求知欲、讚嘆。」「最重要的是，勇敢地去追隨自己的心靈和直覺，只有自己的心靈和直覺才知道你自己的真實想法，其他一切都是次要的。」這是他具有非凡的洞察力，能夠發掘消費者「潛意識」需求之源泉。

(3) 偏執的專注：瘋子與瘋狂

只有瘋狂到想改變世界的人，才能真正改變世界。「給自己一個培養自己創造力的機會，不要害怕，不要擔心。過自己選擇的生活，做自己的老闆！」

(4) 求知若飢，虛心若愚

「我總是以此自省。請保持飢餓，保持愚蠢吧！」「活著就是為了改變世界，難道還有其他原因嗎？」「你的時間有限，所以不要為別人而活。不要被教條所限，不要活在別人的觀念裡。」

(5) 勇於冒險：否定與超越

「創新不僅僅是工程學和科學，也是藝術。」如果他對一個新研製的產品不滿意，他會常常當著整個團隊的面，不近人情地說：「全盤否定，從頭再來。」

(6) 精益求精：獨創、完美

技術加藝術加人文的獨創、完美與高格調，使他主打的每一代產品都有著革命性的突破，不僅細節非常到位，而且可用性無處不在，無論是老人、小孩都能憑直覺去無障礙地使用。

(7) 「飢餓」推銷：「兜售夢想」的鼻祖

「占有市場才是王道。」賈伯斯讓顧客癡迷於一種感覺，蘋果不是在生產使用者需要的產品，而是在生產其產品代表的夢想。他常常「兜售夢想」似地告訴消費者：他的產品將如何改變人們的行為方式，擁有它會很酷。他讓消費者如飢似渴、激動不已，以宗教般的狂熱追隨他。

(8) 自我鞭策：超強的抗打擊能力

「從來沒有哪個成功的人沒有失敗過或者犯過錯誤，相反，成功的人都是犯了錯誤之後，做出改正，然後下次就不會再錯了，他們把錯誤當成一個警告而不是萬劫不復的失敗。從不犯錯意味著從來沒有真正活過。」「生活有時候就像一塊板磚拍向你的腦袋，但不要喪失信心。熱愛所從事的工作，是一直支持我不斷前進的唯一理由。」「我堅信讓我一往無前的唯一力量就是我熱愛我所做的一切。」賈伯斯說。

(9) 不追求高薪：無豪華生活

賈伯斯沒有名車及豪宅。他總是穿簡樸的牛仔褲、黑色套領毛衣和跑鞋。重返蘋果公司當年薪 1 美元的 CEO。

賈伯斯的家（沈曉軍拍攝）

(10) 做細、做好才能做大

「把注意力集中在那些將會改變一切的細節上，精益求精，才能最大限度地發揮你的天賦、才能、技巧，才能把所有人甩在你後面。」

綜合來看，賈伯斯的創新在於：勇於「冒險」、勇於「造夢」、勇於「完美」、勇於「獨創」、勇於「帶頭」、勇於「推銷」。這也是未來英才的重要標準。

2. 賈伯斯：人格的遺憾與警戒

天才的偏執及人類的好奇心和那永不休止的自我超越精神，在推動世界發生改變的同時，也是一種詬病。因此，對天才需要包容，但並非「愛屋及烏」。

(1) 人格的遺憾

當他有了孩子以後，他說：「太多的事情令人感到遺憾，如果我早點明白現在才明白的道理，我可以把事情做得更好些。」

(2) 未來英才的警戒：狂暴、偏執、獨裁、蠻橫

這些個性特點使他敢於向任何公司開戰，對那些膽敢擋他路的人，他會不顧一切地將其趕走，連員工也被他視為敵人。他總是辱罵員工是「蠢蛋」，不服從就徹底走人。這種極端心理壓抑了員工的創造力，在當今已顯得不合時宜並且不可持續。

他之所以如此，與他的身世、經歷、認知有關。如果他是一位政治家、軍事家、教育家等，他的獨裁、強權、偏執等，將給他的同仁、部下乃至人類，

帶來不可挽回的災難和極大的傷害。

21 世紀的管理應該是人性化管理，即管住人心，贏得人心，是激發熱情與潛能的管理。

如果能讓更多人都能受到類似「矽谷」的環境薰陶和類似「矽谷」元老們的關注，讓更多人能在寬鬆、自由中靜思，激發更多人的創新潛能，優化更多人的創新人格及思維方法，將會有更多的賈伯斯式的英才出現。

參、英才教育學：一枝新奇葩的誕生

英才教育關係著人類的未來，中國的未來，乃至家庭的未來。

■ 一、誕生的背景：國內外原因皆有

任何一件事物的發生和發展，都有其內外原因，英才教育也不例外。

（一）國際英才教育的趨勢：從狹義到廣義，從公平到卓越

從宏觀上看，當今世界英才教育的走向，如：美國天才教育研究中心前主任汝理教授認為，天才教育的對象 IQ 中等即可。美國心理學家加德納教授認為，學生的問題不再是聰明與否的問題，而是如何開發學生潛能的問題。世界天才兒童學會前主席吳武典教授說：「資優教育不僅是資優兒童的教育，也是對普通兒童開發潛能的教育。」

從微觀上看，在這個多元化的世界裡，由於文化不同，對教育的理解不同，所以不能視美國英才教育為「放諸四海而皆準」的真理，故英才教育不能進行「全世界大一統」。美式英才教育（立法保護）的發展是從追求教育公平開始的，且是從中學、小學、早教開始的。目前經查證，至今尚未發現諾貝爾獎及行業領袖。臺灣追隨美國（1973 年開始實驗，也已立法保護），其結果一樣。曾幾何時美國大學也開辦了少年班，美國英才教育已從中小學的教育公平到了

激情教育造就美國大學「少年班」學子的時代了，有些中國學生也躍躍欲試地報考，美國英才教育正在與時俱進。臺灣至今尚未在大學開辦少年班。

（二）中國超常教育：回歸英才教育

1977 年，經歷了十年文化浩劫後，中國呈現出百廢待興、百業待舉的局面，「四化」（工業現代化、農業現代化、國防現代化、科學技術現代化）要人才，教育要跟上，被終止的高考恢復了，神童寧鉑（一個非常聰明的孩子，13 歲考上大學少年班）等脫穎而出，於是 1978 年在黨中央和國家領導人的支持下，「少年班」在中國科技大學應運而生了，開創了中國教育史上前所未有的新教育。

1. 少年班：超常教育的代表模式

少年班是一種什麼教育呢？為迴避社會對「精英、英才、天才」的極端敏感，中科院心理所劉范教授提出用中性名詞「超常」來取代（查子秀，2006）。從此，中國就有了「超常兒童」和「超常教育」之說。

何謂「超常教育」？中科院心理所根據國外及古人的有關資料，提出了以下定義和理論：超常教育是針對超常兒童的教育；所謂超常兒童，即指智商 130 以上的兒童，和有特殊才能的兒童；超常兒童是客觀存在的，根據常態分布曲線，占兒童的 1%至 3%；研究和教育的依據是超常兒童身心發展的規律；教育的理念是因材施教⋯⋯（查子秀，2006）。

2. 超常教育的貢獻：三十餘年功不可沒

(1) 它填補了中國教育史上對超常兒童集中培養的一大空白。

(2) 超常兒童是客觀存在的，他們在普通班「吃不飽」，超常教育為教育公平開啟了一扇大門。

(3) 它打破了長期慣用的「一元化」教育模式，是教育體制改革的重大突破。

(4) 是前所未有的教育制度改革。如：超常兒童可以提前入學、加速和加量學習，便可提前畢業，可以快速多講等特殊政策。

(5) 它掀起了中國「神童」潮，在民眾中興起了不可忽視的教育思潮。

(6) 它促進了中國對超常兒童和超常教育的有關研究。特別是中科院心理所，對超常兒童進行了各種比較研究；大學和中學在超常教育實踐中也有各種研究。

總之，超常兒童是人才的「富礦」，若不開發，將是人才資源的一大浪費。

（三）兩個「綱要」：奮發的激情

《教育規劃綱要》和《人才規劃綱要》，是中國改革開放的又一次令人震撼的「撥亂反正」。是中國從教育大國走向教育強國、從人力資源大國走向人才資源強國的總動員令，催人奮進。

1. 教育強國的要領：意識、亮點、體制

我們來看《教育規劃綱要》的亮點：

(1) 首次將教育提升到「強國必先強教」、「只有一流的教育，才能培養一流的人才，建設一流的國家」的高度。

(2) 宏偉目標：到 2020 年「基本實現教育現代化，基本形成學習型社會，進入人力資源強國行列」。

(3) 從現代化著手，即實現理念的現代化、體制的現代化、模式的現代化、手段的現代化。

(4) 非常明確地提出：把提高教育品質作為核心目標，這是全面普及九年義務教育和高等教育大眾化背景下教育進一步改革和發展的關鍵。

(5) 不僅提出了「形成惠及全民的公平教育」，還明確提出重視和支持民族教育和特殊教育。

(6) 十大教育改革試點：探索貫穿各級各類教育的培養途徑；鼓勵高等院校聯合培養；支持有條件的高中與大學、科研院所合作開展培養研究和試驗，建立創新人才培養基地。

也有遺憾的地方，例如：在《教育規劃綱要》裡沒有涉及對英才兒童的教育公平問題。英才兒童自古至今客觀存在。隨著早期教育的開展，正在突破「常

態分布曲線」，英才兒童有可能達近億萬人，他們不僅是人才開發的富礦，還因為他們精力旺盛在普通教育中「吃不飽」，有可能成為社會的不安定因素。所以，這是一個「教育公平」不可忽視的群體。

2. 人才強國的要領：標誌、政策、機制

中國未來發展、中華民族偉大復興，關鍵靠人才。

(1) 判斷一個國家是不是人才強國？最重要的是看這個國家是不是有若干支具有國際視野及較高職業素養的頂尖人才隊伍，以及相應的、健全的人才發展培養機制，使人才能夠得到健康的、持續的成長和發展。

(2) 十二項重大人才工程及重大政策。其中首先提出：創新人才推進計畫、青年英才開發計畫、高素質教育人才培養工程及國家高技能人才振興計畫等；十項重大政策，如實施產學研合作培養創新人才政策、實施有利於科技人員潛心研究和創新政策、實施人才創業扶持政策、實施更加開放的人才政策以及打破學術機構、教育機構的官本位及行政化現象的舉措。

(3) 建立創新型人才的長效激勵機制。過去是以學歷、職稱為本，這次本著「人才」的定義強調人才要「以用為本」，即強調對社會做出創造性貢獻者就是人才。社會真心實意地讓人才充分發揮才幹與專長。

《人才規劃綱要》提出，到 2020 年中國人才總量要達到 1.8 億人、主要勞動年齡人口受過高等教育的比例要達到 20%、人才貢獻率達到 35% 等。這些定量指標在國際上是可比的指標。

3. 中國英才教育：走獨立自主的路

自從 1978 年，百廢待興，亟需人才，在勇於改革的中國科大開加了少年班。所以三十多年來，中國科大已育新星數百名，據統計，站在世界科學前沿者已有 15 人次，如 3 名 IEEE 院士、2 名美國科學院院士、1 名美國醫療資訊科學院院士，以及美國國家自然基金成就獎 3 名、美國麥克亞瑟「天才獎」2 名、其他學科大獎 4 名。二百多位國內外名校教授、數百名在世界 500 大企業任要

職……（詳見第六章）。

少年班的成就並不代表超常教育的勝利，它更彰顯了中國科大教改的成功。因為13所大學少年班只剩下了3所，三十餘所中學少兒班更屈指可數，所以三十多年超常教育得不到國家認可。難道我們還要這樣走下去嗎？

當今在教改的深水區，超常教育必須改革！育傑出人才，卻不按傑出人才的成長規律辦學，致使超常教育在功利化的市場經濟中，走向了以升學率等評成敗的「超級升學班」……只有觸及「心靈」的改革，才能走出一條獨立自主的路，這就是「英才全人教育」和「兩條腿走路」應運而生的理由。

■ 二、英才教育學：教育的創新

在生存與發展的逼迫下，筆者提出了由超常教育回歸英才教育是發展的需求。為了與時俱進，英才教育也必須改革，否則將成為社會發展的累贅。

（一）英才教育學：理論上的重大突破

筆者認為，一個新學科的出現，肯定有不完美之處，需要在實踐中不斷完善。這本《英才教育》的突破性創新有以下幾點。

1. 學科「雜交」：創新的必然趨勢

人類進入了一個多元化的社會，很多創新源於多學科的交叉融合，可以說，沒有哪個學科的理論只建立在某一個學科之上。所以，它將是一個多學科的「雜交」品牌。

當今，人們對腦科學了解還甚少，筆者認為，首先它可能會在鑑別英才兒童中起重大作用。其二在如何健全和使用雙腦中也應提出新的方法。

當今，人們對「管理」的認識也不夠，高層的教育管理，決定體制、政策、制度。第一線的教育管理如：家長、班主任及任課老師等，則在：家風、學風、班風中起決定性作用。他們可以發現一個孩子的天賦，同時也可以泯滅一個孩子的發展，他們時刻「掌管」著孩子能否成為英才的命運。管理還包括自我管

理，即管住自己情緒與言行。所以，人人都是管理者，權利不可放棄和濫用。

2. 兩條腿走路：狹義與廣義的英才教育

兩條腿走路，即廣義英才教育與狹義英才教育。它不僅具中國特色，在世界英才教育中，也是獨一無二的理論創新與突破。

(1) 狹義英才教育：針對英才兒童的教育

狹義英才教育就是超常教育，即針對英才（超常）兒童的教育。因為英才（超常）兒童是客觀存在的，而且是人才的富礦，所以研究和實踐很需要繼續下去。它的教育基本特徵是：英才兒童是精心「選拔」出來的，並為他們特設「濃縮」課、「拓展」課，及挑選最好的老師授課等，他們可享受特殊政策，如：跳級、提前畢業等。它的主要難題是：在大陸至今沒有公認信度和效度較高的篩選量表。因為它是針對少數人的，故稱狹義英才教育。

(2) 廣義英才教育：英才全人教育

所謂廣義的英才教育，即英才全人教育，它不僅是針對英才兒童的教育，也是針對普通兒童開發潛能的高素養高才教育。

「高才」的含義，即指素養高、績效高的高端人才。它實施全方位教育，即多元視角育英才，如關注人性和生命價值；關注兒童的生存環境、身心健康、與和諧人格的自由全面發展；特別關注教師的身心健康和為人師表的品行。

英才全人教育認為，兒童是發展的天才，因此每個孩子都應有接受最好教育的機會，在基礎教育階段，普及英才教育，是教育公平和提升全民素質的有力舉措。

3. 基本概念的突破：全新的論點

首先突破對天才的認知。心理學從人的天賦而言，認為智商 140 以上者為天才。英才教育從人才學的實用論而言，認為人才是有正向創新績效者，天才是「放對地方的人才」。即天才也怕選錯行，選對人生舞臺，比天賦更重要。正如愛因斯坦所說：「每個人都是天才。如果你用『爬樹能力』來判斷一條魚有多少才幹，那麼他的整個人生都會相信自己是愚蠢不堪的。」

其二，英才教育定義。即實施狹義英才教育與廣義英才教育，亦即實施「兩條腿走路」。

4. 教育理念的突破：以傑出人才的成長規律教育

不論狹義及廣義的英才教育都要依據傑出人才的特質來教育，即把：強烈的使命感、持久的熱忱、超常的創新、超常的績效、非凡的領跑力利用心理學的方式，從小種在孩子心裡，為育英才打下基礎（詳見第三章）。

這五大特徵可以體現在：德育課、語文課、社會常識等課中，也可以設置有關心理學和創新教育的課程，如：幼稚園和小學可設置「社會課」（臺灣小學有），即社會化教育的課程，比如：學做社會人的禮貌、禮義、公德、好奇、疑問、自我保護、簡單溝通等。中學可設置「成長心理」等（詳見第三章）。

（二）英才教育學：彰顯教育的基本功能

中國超常教育三十六年的實踐證明了：完全搬抄西方的教育理論，是一條愈走愈窄的小胡同，它讓我們碰得頭破血流——從官方支持，到民間游擊隊。面對生存與發展的緊迫性，我們必須尋找新的出路。

1. 廣義英才教育：應運而生的前提

(1) 如前所述，當今世界英才教育的趨勢：由狹義到廣義，由公平到卓越。實際正沿著教育的基本動能發展，即「提升全民素質和為社會培養各種人才」。

(2) 品德與創新不可忽視。當今英才教育的有關理論，有的忽視品德，有的忽視創新，很少有人論及傑出人才的卓越習性特質和大愛無私的人性，忽略這些要素的後果，將培養出法西斯式的、高智慧的「黑色英才」，那比當年忽略環境汙染帶來的災難更大。

(3) 兒童是發展的天才，在良好的環境、教育和努力下，每個孩子都有可能成為傑出人才。北京金色搖籃幼稚園程躍博士，經過十五年的實踐研究發現，天才兒童的常態分布 1%至 3%，不是永恆的，良好環境及教育能

使天才兒童的常態分布上升到 10%乃至 20%以上；即後天決定論。

中國大陸的教育改革，已進入了深水期，即要「啃硬骨頭」了，如體制、政策、制度、理念等改革。英才教育的改革，它將給中國教育帶來什麼呢？

2. 普及英才教育：基礎教育改革的新思路

由於從西方引進的超常教育（即狹義英才教育）強調「遺傳決定論」等，它把諸多大器晚成的潛天才兒童關在了英才教育的大門之外，故在教育公平的前提下，應讓優質教育在教育體制中充分體現，讓英才教育在基礎教育中普及實施。

英才全人教育的普及，為基礎教育改革提出了新的思路，因基礎教育肩負著教育的全功能，即提升全民素質，並為社會培養各種人才。教育要向農業改革學習，讓民眾一年四季有青菜、水果吃，就要把有些果菜從粗放的「大田作業」轉變成精耕細作的「大棚作業」。政府要下決心多辦小學、中學及師範教育；實施小班教學（30 人左右），讓老師有精力去精耕細作。

至於在基礎教育階段，普通教育與英才教育兩者有無區別呢？當然有了。主要區別是：英才教育（含狹義和廣義）實施小班教學或多種因材施教，並按傑出人才的成長規律教育，普通育實施大鍋飯式的大班教育。

3. 英才教育學：是什麼？能做什麼？

「人是教育的產物」。接受什麼教育，就會成為什麼樣的人。美國（含臺灣）的英才教育，是為了滿足英才兒童的特殊心理需求，而實施的教育公平。所以它只關注中小學教育，不關注是否成材。而中國超常教育，是因人才急缺，故先由大學辦起了少年班，而後中小學才跟上來。所以，它出了一些人才，但教育公平一直未提到議事日程上來。

英才教育學是站在美國、臺灣兩個先行者的肩上，通過反思自我而提出來的有關論點。作為學科「雜交」的新品牌──英才教育學，它究竟是什麼呢？它能做什麼呢？簡單地說：

(1) 英才教育學是以教育功能為前提、以人才學為方向、以心理學為基礎、

以腦科學為制高點、以創新為本質、以倫理為靈魂、以管理為命運等交叉融合的科學。在此，每個學科都有著重要而不可取代的位置。

(2) 英才教育學是研究英才教育的理論與實踐，研究如何培養更多英才，以適應社會發展的需要；研究如何實現「天生我材必有用」的夢想，研究如何讓人盡其才、才盡其用等有關學問的科學，以實現「人人都能出類拔萃」的夢想。

(3) 英才教育學是依據傑出人才的成長規律和發展心理而對普通孩子施以開發潛能的高素養高才教育。它將按照傑出人才的成長規律，根據「卓越可以遷移」的原理，透過教育，由淺入深地把傑出人才的品行遷移到孩子身上，使其成為孩子的一種卓越習慣，為育更多傑出人才打下基礎。

(4) 英才教育學將打破傳統教育那種「鐵路員警」各管一段的應試教育現狀，把大學、中學、小學乃至嬰幼稚教育，都緊密地聯繫起來，成為一個系統工程，免除從小學→中學→大學這一過程中的重複教學，以利知識銜接。

✎ 本章摘要

本章概述了：中國為什麼出不了傑出人才？這是一個「冰凍三尺非一日之寒」深刻又敏銳的問題。當今中國的教育，不如民國，不如二次大戰最大的戰敗國日本和德國，更不如美國。二十九年的「窩裡鬥」（內戰和階級鬥爭），使精英和知識分子遭遇了滅頂之災。改革開放後，中國由超常教育→反思→英才教育，提出了英才教育的創新性理念。它彰顯了教育的基本功能，它為基礎教育改革提出了新的思路，它為人人都能出類拔萃的夢想設計了可行的藍圖。

本章語錄

- 人類最偉大的發現和發明多是傑出人才的創新和貢獻，如果沒有他們，人類就不會進步得那麼快。凡有雄才大略的政治家、思想家、軍事家，無不把傑出人才作為治國安邦之本。當今英才已成為世界各國競爭的制高點，英才教育引起了各國戰略領導者的關注，它牽動著億萬教師、家長及社會人士的心。讓英才成長是世界的責任。

- 歷史是實踐的足跡，「實踐是檢驗真理的唯一標準」，也是一面鏡子，照出進步與倒退，照出真理與悖論，照出經驗與教訓……特別是在網路時代，真理是擋不住的。所以，尊重歷史就是尊重「實踐出真知」。

- 教育對人類的未來負有特殊而重大的使命，今日教育塑造出的人才在很大程度上決定著明日世界的風貌。

- 美國的中小學以培養學生「學會」自我教育、探索未知世界為歸宿。其「基本功」是：多看、多讀、多問、多想、多做。美國注重學生的閱讀能力、批判性思維、獨立思考、創造性、發現問題和解決問題的能力，以及學以致用的實踐能力的培養。

- 教授如果真正崇尚學術和真理，就要休養生息，這樣才能做出大成果。愛因斯坦沒寫過多少論文，但僅一篇〈狹義相對論〉就足以讓他成為令人敬仰的科學家。所以，一切急功近利和浮躁，都不可能有大作為。

- 美國學生是「休閒」十二年，大學開始玩命似地學習。中國學生是刻苦學習十二年，到大學休閒四年。哈佛告訴它的學生：「學習時的苦痛是暫時的，未學到的痛苦是終生的。」而我們的大學生，正在品嚐這種痛苦，我們的民族也在為此付出代價。

- 衡量頂尖大學，不是看大樓及學校規模大小，或教授、博士的多少，而是看畢業生的平均水準，更要看培養的傑出人才的數量和品質。

- 21 世紀的管理應該是人性化管理，即管住人心，贏得人心，是激發熱情與潛能的管理。

- 廣義英才教育，即英才全人教育，它不僅是針對英才兒童的教育，也是

針對普通兒童開發潛能的高素養高才教育。

● 英才教育學是以教育功能為前提、以人才學為方向、以心理學為基礎、以腦科學為制高點、以創新為本質、以倫理為靈魂、以管理為命運等交叉融合的科學。在此，每個學科都有著重要而不可取代的位置。

請您深思

1. 中國改革開放以來，幾代領導人都在強調教育，但教育現實並不理想，你認為究竟是什麼阻礙了對教育的改革和投入？有何辦法？
2. 怎樣理解賈伯斯的創新？
3. 如果你是教育部部長，你將如何對待英才教育？
4. 英才教育學有何意義？

Chapter ❷

天生我材必有用——
圓普通人的英才夢

　　中華民族的崛起，需要大批英才。首先要
營造一個欣欣向榮、人人都能出類拔萃的社會，
即人盡其才，才盡其用的社會風氣，它體現了
「善用人者無廢人，善用物者無廢物」，即天
生我材必有用武之地。個人要想成為一個英才
的首要條件是，務必要選對人生舞臺，那比天
賦更重要，因為，天才也怕選錯行。

各行各業都有非凡的有創新能力和重要創新成果的領軍人物，即英才，他們是頂尖級人才，是人類的精品。

壹、英才：頂尖級人才

英才，有大器早成和大器晚成兩大類，並有其共同的特徵。

■ 一、英才：成才早晚與特徵

（一）大器早成者：「自古英雄出少年」

曾有記載的古今中外英才如：

- 10 歲，高斯推出「等差數列求和」的著名數學公式。
- 12 歲，甘羅因才華出眾，被秦王封為上卿（相當於丞相）。
- 16 歲，白居易寫出了千古名句「離離原上草，一歲一枯榮。野火燒不盡，春風吹又生」。
- 18 歲，伽利略發現鐘擺原理；張伯宏出任上海天時網路科技公司CEO。
- 20 歲，岳飛入伍，屢建戰功，32 歲被破例封武昌郡開國侯。
- 22 歲，麥考密克造出了世界上第一臺馬拉收割機，在 1851 年的倫敦萬國博覽會上展出後，引發了一場「真正的農業革命」。
- 23 歲，牛頓發明微積分。
- 25 歲，開普勒出版《宇宙的奧秘》；賈伯斯成了億萬富翁；威廉·勞倫斯·布拉格獲諾貝爾物理學獎。
- 26 歲，愛因斯坦提出狹義相對論；費米出任理論物理學首席教授。
- 27 歲，諸葛亮出山輔助劉備，提出了三分天下之計，即著名的「隆中對」。
- 29 歲，達爾文提出生物進化論；愛迪生發明留聲機；貝爾發明電話。

- 30 歲，馮·布勞恩研製出世界上第一枚彈道式導彈 V-2 導彈；這也是中國第二批太空人的平均年齡。

- 34 歲，中國「兩彈」元勳鄧稼先出任核武器研究所理論部主任，負責領導核武器的理論設計，隨後任研究所副所長、所長，任核工業部科技委副主任。

- 36 歲，居里夫人獲得諾貝爾獎。

- 38 歲，哥白尼提出日心說。

……

（以上均整理自百度搜索）

示例 2-1　**威廉·勞倫斯·布拉格：25 歲獲諾貝爾物理學獎**

威廉·勞倫斯·布拉格（1890-1971）。英國物理學家，他從小聰明好學、勤於思考，對科學和數學表現出極大的興趣和天賦。他和他父親進行的 X 射線晶體結構研究，在 1915 年獲得諾貝爾物理學獎，年僅 25 歲。這一紀錄至今無人打破。父子兩代同獲一個諾貝爾獎，這在歷史上是絕無僅有的。

威廉·勞倫斯·布拉格

（資料來源：取自百度 www.baike.baidu.com/威廉·勞倫斯·布拉格，2013 年 3 月）

（二）大器晚成者：潛天才不可忽視

凡大器晚成者，多為從小學習成績很差，他們是與超常（資優）教育無緣的潛天才。在現實生活中比比皆是，僅以自然科學界為例。

中國大陸如：華羅庚、蘇步青之類，從小都是差生。

國外的科學諾貝爾獎得主中，有差生、留級生、倒數第一的學生，無高級職稱者。如：美國的愛因斯坦、唐納德·克拉姆；英國的約翰·格登；德國的

奧托‧瓦拉赫；日本的小柴昌俊、田中耕一、益川敏英、山中伸彌等。

在政壇及商界領袖中，差生甚至無學歷者更多。他們顛覆了人們對分數、智商、名校、學歷、職稱等的迷信。

所以在基礎教育階段，選拔英才兒童，就會把大量的潛天才拒止在英才教育的大門之外。

（三）英才：「冒」出來的特徵

無論是大器早成或晚成，從英才們身上都能冒出共同的人格特徵。

1. 強烈的使命感：夢想與責任

即有明確的人生目標。目標＝夢想＋計畫＋責任。英才做事胸有成竹，不盲從，不盲目。賈伯斯就是典型的例子。他懷有改變現實的夢想、激情和使命感。卓越的智慧和非凡的毅力，使他能在挫折和逆境中站起來，並取得非凡的成就。

2. 堅持真理，不怕犧牲

為創立「日心說」，哥白尼獻身了，布魯諾被割掉舌頭後活活燒死了；伽利略（曾被迫悔罪）冤案三百多年，於 1980 年才經羅馬教廷覆議平反（梁衡，1991）。

中國當代著名的經濟學家、人口學家和教育家馬寅初先生，他的「新人口論」曾被猛烈批判，他年近八十，出來應戰，最終被迫辭去北大校長職務，長期軟禁在家（詳見第三章）。……科學英雄們的正氣和感人詩篇，不勝枚舉。

3. 瘋狂與偏執：追求完美而不完美

這是一種持久的熱忱和對目標的執著。正如賈伯斯，他在工作中追求精緻完美，但也有各種的毛病，乃至「瘋狂」或偏執。這使他不見容於一些嫉賢妒能的領導者，這類人常遭到排斥乃至迫害。所以，成就英才，需要寬鬆的、包容的心態與環境。

4.普世價值觀：英才傑出的理由

　　價值觀是人們言行舉止的心理基礎，它為人們的各種行為提供理由。普世價值觀，是世界公認的符合人性根本需要的價值觀。

示例 2-2　**美駐華大使駱家輝：見識他的價值觀**

　　駱家輝，美國歷史上第一位華裔駐華大使，祖籍廣東。1950 年生於美國西雅圖市，為第三代移民。自小學業優秀，先後就讀耶魯大學和波士頓大學，獲政治學學士和法學碩士學位。曾任美國華盛頓州州長、商務部部長，一直是全球華人世界的明星。

　　2011 年 8 月 12 日，他攜妻子兒女赴北京上任，和普通人一樣乘坐經濟艙，吃普通的機上餐點，行李由自己與孩子肩扛手拎。直到下飛機時，看見一些西裝革履的官員接機，大家才恍然大悟，竟然與美國大使同機（航億葦，2011）。

　　《光明日報》2011 年 8 月 15 日刊文：「……鄭重而又嚴肅地建議、呼籲和號召中國的官員們，要向美國駐華大使駱家輝同胞學習，學習他輕車簡從腳踩大地的平民作風，學習他不講排場節省社會資源以追求生態和諧的低碳生活方式，學習他不講官話套話大話的務實作風」（相曉冬，2011）。

　　價值觀是一個人的靈魂。沒有人性和良知的卓越，是失去靈魂的卓越。只有實施普世價值觀的教育，才能培育出人類公認的、具有高貴人性的英才，才有可能被世界接納和認可，並對人類的發展做出貢獻，也才有望立於世界之林。

■ 二、英才：通才和專才

　　英才可籠統地分為通才（或全才）及專才（或偏才），他們都應該是為社會的文明進步有突出貢獻的人。

（一）通才：不是「萬金油」

從人才學的角度看，這類人才被稱為橫向型人才。通才不是什麼都懂一點的「萬金油」，而是在具有廣泛的綜合性知識的前提下，精通兩門以上學問的人才。但過分通博，學科的深入發展往往會受影響。

以下介紹義大利文藝復興時期最傑出、最知名的人士之一，至今仍很有名的李奧納多・達文西。他的故事很多，筆者概括他博學多才如示例 2-3。

示例 2-3　達文西：博學的天才巨匠

李奧納多・達文西（1452-1519）以思想深邃、博學多才著稱。他在數學、力學、詩畫、音樂、光學、天文學、植物學、動物學、人體生理學、地質學、氣象學，以及機械設計、土木建築、水利工程等方面都有不少創見或發明。在天文學方面，他幾乎與哥白尼同時發現了「太陽中心說」；他曾經設計過直升機、飛行器、熱氣球、攻城器，以及城市防禦體系、排水系統等。他解剖過三十多具屍體，並第一個發現了嬰兒在母體中的生長過程。他是典型的通才、天才、「第一流的學者」，是整個歐洲文藝復興時期最傑出的代表人物之一。再多的讚譽他都當之無愧。

他那空前絕後的博學來自：無比刻苦勤勉、惜時如金。他常用「定時短期睡眠法」，即每工作 4 小時睡 15 分鐘，這樣，一晝夜累計睡眠時間只有 4.25 小時，但這仍未使他做出真正的成績，因此在科學上他只有虛名，他留給人間最有名的就是他的幾幅畫，如：《蒙娜麗莎》、《最後的晚餐》等。

（二）專才：專門人才

大學分系和主修，就是為了培養專門人才。如果片面強調專業教育，會使學生知識面狹窄，不僅就業困難，也影響後期發展。所以「專業」需要不斷調

整自身的內涵。如北京的清華大學 2001 年實施新的本科人才培養方案，強調必修學分而不是必修課程，學生可在教學計畫之外、培養方案框架之內選課，在導師的指導下，為自己量身訂做「個人學習計畫」；其另一引人關注的做法，是透過「二次招生」和校內轉系，使清華學生有多次機會在人文社科和理工科院系之間轉換主修。2007 年，清華又在全校本科生中開設大規模選修課——實驗室科學研究探究課，清華希望以此使本科生儘早形成開闊的科學視野和跨學科、跨專業的思維方式，為學生進入廣泛的專業培養打下通才基礎。

示例 2-4　笑傲江湖：兩個「差生」獲諾貝爾獎

日本科學家小柴昌俊獲 2002 年諾貝爾物理學獎，他在獲獎後的記者會上，向人們展示了他的大學成績單。16 個科目中，拿「優」的只有 2 項，而且還是那種只要去上課就能拿到「優」的實驗科目。他回憶說：「那時，大家一般都有半數以上的科目是優，我恐怕是班上最差的，但我一直相信成績單並不能保證你的人生。雖然我的成績不好，但我有自己的強項，學習最重要的是主動性。」

小柴昌俊

當年，他應邀參加東京大學畢業典禮時說：「我是以倒數第一的成績畢業的，但東京大學卻接受了我當講師、教授，我非常感謝東大的知遇之恩。讓成績倒數第一的畢業生回來當教授，恐怕找不到第二所這樣的大學」（鄭慧青，2006）。

2008 年，日本一個英語程度不佳的「差生」物理學家益川敏英，榮獲了諾貝爾物理學獎，他是京都大學名譽教授、京都產業大學物理學部教授。獲獎後，他寧願放棄領獎的機會，因為他不願意用英語來談獲獎感言（據 2008 年 10 月 8 日新華網相關報導整理）。

益川敏英

　　國外的「差生」能夠成為世界級的科學巨人，著實讓我們反思今天的教育！如果當年東京大學也採取淘汰式教育，「差生」小柴昌俊早就不知被淘汰到哪個角落裡去做苦力了。在當下的中國，有誰能容忍像益川敏英這樣連英語都不會的人？這樣的人在當今中國大陸沒法升遷，沒法當教授等。我們什麼事情都要考英語，有很多人因為英語不好而前途盡失。英語充其量是一種工具，而不是體現創新能力的本質的東西。

示例 2-5　錢鍾書：民國大才子

錢鍾書

　　1929 年 19 歲時考入清華大學外文系。報考時，數學僅得 15 分，但國文、英文成績突出，其中英文更是獲得滿分，他到清華後的志向是：橫掃清華圖書館。最怪的是他上課從不記筆記，總是邊聽課邊看閒書或作畫圖，或練書法，但每次考試都是第一名。大學快畢業時，清華挽留他繼續攻讀西洋文學碩士學位，他說：「整個清華，沒有一個教授有資格充當錢某人的導師！」其狂如此！「文革」中，他和夫人楊絳被打成「牛鬼蛇神」，雙雙接受「改造」，受盡凌辱和折磨。在被迫剃了「陰陽頭」後，他還幽默地說：「小時候老羨慕弟弟剃光頭，果不其然，羨慕的事早晚會實現。」但是，智者是不可征服的。他在任何時候都沒有忘記他作為一個學者，要為國家和世界文化做出貢獻的歷史使命。他不走冷門，不投熱機，不計利鈍，不易操守，反對樹宗立派，一心一意地做研究、出成果。在當今，這種品格尤其難能可貴。

（資料來源：呂麥，2009）

　　錢鍾書的《圍城》，讓我們感受到一種巨大的幽默和魅力。如：「不受教育的人，因為不識字，上人的當；受教育的人，因為識了字，上印刷品的當。」「一張文憑，彷彿有亞當、夏娃下身那片樹葉的功用，可以遮羞包醜；小小一方紙能把一個人的空疏、寡陋、愚笨都掩蓋起來。自己沒有了文憑好像精神上

是赤裸裸的，沒有了包裹。」他從沒有在規定的核心刊物上發表過論文，其著作《管錐編》等引證率也極低。但他數十年如一日地做學問，寵辱不驚，虛懷若谷，甘於寂寞，淡泊名利。如果他在當今大學教書，很可能連講師都當不上。但歷史記住了錢鍾書這樣的真正大家。

💡 思考活動 2-1

　　錢鍾書和小柴昌俊、益川敏英的故事給你何種啟示？請將你的看法寫在下面。

_____

_____

_____

_____

（三）特別管道：拯救偏才、怪才

　　大學在人才成長中的作用不容小覷，由小學到中學到大學，這是千百年來人才成長的基本管道。保證絕大多數人獲得公平上大學的機會是社會文明的基石，同樣地，為特殊人才設立特別管道也是一個國家文明的標誌。當年錢鍾書是以數學成績不及格的身分進入清華大學的，如果清華大學不對其破格，他可能一輩子都進不了大學的門。大學教育要做的就是為天才開闢管道，如中國科技大學少年班在 1980、1990 年代的開拓性改革（詳見本書第六章），均為專才拓寬成長空間。

> **示例 2-6** 「少年班拯救了我」：
> 美國「青年科學家」大獎得主李巨
>
>
>
> 李巨是成都鹽道街中學學生，1990 年提前兩年高中畢業，考入中國科大少年班。在中國科大，他用四年時間完成了五年的學業，他說：「（對我）少年班是完美的，我沒有任何遺憾。」他以己為例說：「高一已自學完了高中的物理、數學、化學、英語，再在高中待兩年，比較無聊，非常痛苦。少年班拯救了我，沒有少年班，我還要在中學無所事事地待兩年……」李巨後來到美國麻省理工學院（MIT）留學。
>
> 2000 年筆者在 MIT 與李巨和他女兒的合影
>
> 正是這個 90 級少年班的學生，於 2006 年獲得了美國材料學會的最高榮譽「青年科學家」大獎。據了解，1991 年設立的美國材料學會青年科學家大獎，每年只授予一位青年才俊，李巨是第二位獲得這個獎項的中國大陸學者。

　　英才兒童是客觀存在的。在普通中小學中像李巨這樣的學生「吃不飽」，讓他們像一般兒童一樣循規蹈矩、按部就班，有害而無益，必須為他們設定特殊的成才管道。

　　另外，一些取得突出成就的體育英才，如撞球神童丁俊暉、體操名將劉璿、跳水名將郭晶晶、籃球明星姚明……讓這些有特殊才能、特別貢獻的人參加「一刀切」的高考，可能只會毀了他們，而不會成全他們。

貳、天生我材：必有用武之地

　　「天生我材必有用，千金散盡還復來」詩仙李白樂觀豪邁地說。松下電器創辦人松下幸之助說：「世界上沒有任何一樣東西是沒有一點用處的。我們認

為它無用，只是我們不知道活用它們的方法而已。黃金這東西對小貓來說是一點用也沒有的廢物，但對於熟知它的用途的人類來說乃是人世之大寶，用人更是如此。」誠如斯言。

■ 一、潛人才：未顯現或待顯現者

在人才學裡，有顯人才與潛人才之分。所謂潛人才，是指那些具有一定知識及創新潛能而等待機會顯示的人。很多人研究的都是已經顯現的各種人才，較少有人關注尚未嶄露頭角的潛人才。豈不知「任何人才都有一個從潛到顯的孕育、顯露過程」。所以，潛人才是人才學研究開發的主要對象之一。

（一）潛人才：類型及潛沒原因

社會上不是沒有人才，而是有太多的人沒能「人盡其才」、「才盡其用」。這些暫時的潛人才，究竟有哪些？他們又為什麼潛沒（閒置、浪費）呢？

1. 潛人才：大致可分為五類

(1) 在校學生

主要指大學在校生。教育的基本功能是提升全民素質及培養各種人才，中學及以下（特別是義務教育階段）的學生，屬於提升素質階段，暫不屬於潛人才。但這與「人才要從小培養」並不矛盾，他們必須德智體群美全面發展。

(2) 失業待業者（含啃老族）

這是一群尚未找到用武之地的人們。他們之中不少人有學歷、有能力、有才華。有的是要求太高（如薪水、職位、工作環境、住房、小孩上學等）；有的是挑肥揀瘦，如嫌人際關係複雜、工作太累等；有的是對現有工作沒興趣，感覺沒前途，如此等等，因而選擇了暫時待業，以等待出頭之日。

(3) 占「坑」無為者

這些人有學歷、有職位、有工作，但尚無出色的成就。這種人有兩種表現。一是「看破紅塵」，官員或百姓中都有這種人，他們的出發點是「多做多錯」。

只有少做或不做,或「八面玲瓏」,誰也不得罪,才能保官位、保晉升或「太平無事」。二是「積極入世」,這在學術界較為常見,剛有點名氣就頻頻曝光或走上仕途,戴上各種兼職的帽子,每天像趕場的演員一樣,成了開會(含做報告)的「專業戶」,再也沒有時間靜下心來做學問。這也是諾貝爾文學獎得主莫言說的「魔咒」,實為當代人的「傷仲永」。

(4) 職業倦怠者

其表現有多種情況,一是工作拖拖拉拉、吊兒郎當,工作效率極低;二是缺乏創新,如老師教課,一本教案用幾十年,多少屆學生均是重複性的老生常談,沒有新意,更無力開新課;三是對行業無興趣或不適應,總覺得無用武之地,因此產生厭倦或厭惡心態,「當一天和尚撞一天鐘」。這樣的人對晉升等,自知沒有指望,也不去爭,一切無所謂。

(5) 放錯位置者或沒有找到適合自己的位置者

多半由於不了解自己的優勢,或選錯專業者。即使他非常努力,仍無大的創新成就,這就是「天才也怕選錯行」,久而久之,不是淪為「先進工作者」,就是淪為平凡之輩。

以上所述,均為人才的浪費。其一和其二,是明顯的潛人才,經過努力,大有轉為顯人才的可能性;其三和其四,本是顯人才,因無正向的創新成果而轉為潛人才,這兩種類型的人可能還暫時未被社會及人才管理者清楚認識到。

2. 潛人才潛沒的基本原因

(1) 社會客觀原因

- 用人觀念陳舊落後:在一些政府機構、事業單位、企業,領導者任人唯親、拉幫結派、嫉賢妒能。如此一來,自會有人受到壓抑、排斥、打擊。
- 官本位:這是中國長期以來官文化的產物,以官大小示尊貴。技術人員及平民身分卑微,特別是大學,教授為了科研課題、經費等,常常還要看一個小科長、小處長的臉色。
- 人才評鑑制度存在缺陷:比如最近幾年屢起紛爭的院士評選,風波不斷,見示例 2-7,實在值得反思。

- 性別不平等：儘管女性的社會地位已有很大的改善，但事實上男女不平等仍然存在。從人口比例和智商來論，男女差不多。但政府部門的各級主管中，女性仍少得可憐。女性科技人才比例亦明顯偏低。從 1901 年到 2012 年，獲得諾貝爾獎的 862 人中，只有 43 名女性（居里夫人獲得過兩次）（資料來源：2012 年 10 月 23 日，《中國經濟周刊》女性諾貝爾獎得主）。在中國招聘時，很多單位的潛規則是，寧收遜色男性，不收或少收良好女性。溺棄女嬰，不讓女孩上學或少上學仍然存在。這導致女性的潛能沒有得到充分開發。

(2) 自身主觀原因

- 自卑與自負乃兩個極端大敵：自卑即「我不行」，自負即「盲目高傲」，兩者是自我評價的兩個極端（詳見第四章）。認識自我與自知之明，是邁向卓越的第一步。

- 不會溝通，不會做人：有人說，人際關係就是生產力。人際溝通是傑出人才不可忽視的智慧。「關係」是機遇的敲門磚，而機遇是成功的放大器。

- 不了解自己：「不知道自己知道，不知道自己不知道，知道自己不知道，知道自己知道。」這是每個人了解自我的過程。很多人因為不了解自己，而走向自行潛沒。

自行潛沒的原因還有很多，因為每個人都不完美（詳見第四章）。

（二）被潛埋：人人都要面對

中國有不少捏尖的語句，如：「武大郎開店」、「槍打出頭鳥」、「出頭的椽子先爛」、「人怕出名豬怕肥」等。文革前的教育方針是「……培養普通的勞動者……」、「做一個永不生鏽的螺絲釘」等等都說明中國教育是一個「削尖拉平」的教育，一邊高喚急需英才，一邊打壓英才……不論從英才教育的困難及英才發展的困難等，都有不言而喻的感受，故人人都要面對「被潛埋」的問題。

1. 英才：遭遇打壓、潛埋

在中國學術界風氣不正的前提下，在教授、博導乃至是在國外已有功名的海歸人士中，遭遇打壓乃至潛埋之事屢見不鮮，如示例 2-7。

示例 2-7　學霸「武大郎」：嫉賢妒能揮大棒

2007 年，饒毅，放棄了美國西北大學講席教授、神經科學研究所副所長的工作，全職回國，擔任北京大學生命科學學院院長。輿論將他的回國與 1950 年代錢學森、郭永懷的回國相提並論，因為他們都是在海外成名後，壯年歸國效力的科學家。

2011 年饒毅落選院士，表面看來因他在美國《科學》雜誌上發表了對中國科研現狀直白的評論文章，惹怒了一些人。實際上是：「有人對我們回來感到不安。」因此，一些院士（50 歲上下的），為了保住自己的「權威」，第一輪就刪去了饒毅。此後饒毅聲明：「從今以後不候選中國科學院院士。」

在院士增補中，由於官本位氾濫，以集體形式進行公關、遊說、拉票及變相行賄的現象頗為常見。使得院士們在學術界成了中國的「特權階層」。

為了不在官場浪費時間，2012 年 9 月初饒毅卸任院長，他希望科技體制改革，最終能讓多數教書人對行政職務失去興趣，不願意去做院長甚至系主任，而更願意做專心科研教學的教授，而體制最終也能讓教授影響一些重大方向決策。

（資料來源：取自百度「饒毅卸任北大院長」及「施一公落選院士當選美國雙院士」）

「武大郎開店」這一詞語，已成為中國人妒賢嫉能的普遍心態，饒毅能讓人「感到不安」，可見在院士中「葉公好龍」者甚多。其實在高校評職稱中，那些不會「來事兒」（意指處事，處理人與人之間的關係）的真才實學者，其

屢遭打壓，已成常事。

官學本是兩股道上的車，在中國官文化的的膨脹下，不知扼殺了多少英才？正如錢鍾書所說：「科學跟科學家大不相同，科學家像酒，愈老愈可貴，科學像女人，老了便不值錢。中國是世界上最提倡科學的國家，沒有旁的國家肯給科學家官做的，外國科學進步，中國科學家進爵。」即中國政府若獎勵有成就的科學家必封官職，把做官當作最高境界，這就是官文化統天下。這也是中國無大師、無一流科學家的重要原因。

去官本位，官學必須分家！只有真正地尊重科學、尊重科學家的想法深入人心，尉然成風，中國方可強盛。

💡 **思考活動 2-2**

你對「有為才能有位」與「有位才能有為」，如何理解？請將你的看法寫在下面。

_____

_____

_____

_____

_____

2. 真理常被埋沒：是金子總會發光

現實告訴我們，當太多的人還蒙在鼓裡時，天才總是先知先覺地發現真理。因此常遭遇人們的不解，甚至辱罵，這是天才的不幸，也是社會的不幸。所以，對待科學和真理，不能迷信權威，不能「少數服從多數——民主集中制」，而要相信科學的真理常常掌握在少數人手裡。

示例 2-8　不向權威低頭：謝赫特曼獨享諾貝爾獎

以色列化學家謝赫特曼因發現了準晶體而獨享2011年諾貝爾化學獎。當 1982 年他告訴人們發現了準晶體時，幾乎所有人都取笑他，主流科學界認為他違反了自然界的基本規則。這種排斥讓他不得不離開美國霍普金斯大學研究小組，返回以色列。對此，他卻說：「我並不在意，我深信自己是對的，他們是錯的。」返回以色

謝赫特曼

列後，他堅持不懈，費盡周折，到 1984 年他將新發現寫成論文發表後，諸多著名化學家包括兩屆諾貝爾獎得主鮑林在內的權威，一致認為他「是在胡言亂語，沒有什麼準晶體，只有『準科學家』」。如此強大的反對勢力如泰山壓頂，但謝赫特曼依然堅持他的研究，他說：「鮑林確實是一名偉大的科學家，但這次，他錯了。」

（資料來源：謝赫特曼獨享諾獎，取自 http://blog.sina.com.cn/s/
blog_705f530d0100...，2011 年 10 月 6 日）

英才之所以傑出，因為他們具有強烈的使命感，為了真理，他們如同頭頂大石頭的一顆種子，它會從石頭縫裡鑽出來，或繞開石頭從旁邊長出來。不管風吹浪打潮落潮起，他們都會不顧一切地追求真理，展示真理！

在人類文明史上，被扼殺、被潛埋者比比皆是，如很多人文、藝術科學的傑作，常常被埋沒，直到創作者死後，方發現其價值，也有被永遠埋沒的。

中國古代四大發明，直到 20 世紀科學史家李約瑟總結出來，才讓世人了解，快埋沒兩千年了。中國詩人屈原、陶淵明等隱居人物，都是後人發現他們的著作後才被我們所肯定！

舒伯特是生前窮困潦倒，死後作品不朽的音樂天才！貝多芬的《命運》交響曲在剛剛問世時被評價為「瘋子」的作品，現在則是永恆的經典！

梵谷生前窮困潦倒，只賣出過一幅油畫《紅色葡萄園》。在他自殺後（僅37 歲），人們才認識到他的價值，其作品竟成了億萬富翁炫耀的資本！1990 年

他的《加歇醫生像》賣出了 8,250 萬美元的高價！到了今天，梵谷已成為被人頂禮膜拜的偉大藝術家，一個異類，一個藝術史上永恆的天才和苦行僧……。

　　理解天才們的超前思維和創造性成果，是當今認知的重要提升。

■ 二、天生我材：人皆有成才之道

　　假如你和一位土著被困在非洲叢林，既無食物，也無水喝，那麼你會把這位土著當作「天才」，因為他懂得各種求生的技巧。相反地，如果把他帶到辦公室要他使用電腦，你可能會認為他是「白癡」。這就是「天生我材必有用」。

（一）選對舞臺：廢物變天才

　　即使是骯髒污穢的垃圾，把它埋在土裡，也許能滋養大地，開出美麗的花朵，長出能夠帶給我們健康的食物。或許這世上沒有任何一個人或一件東西是沒用處或卑微的，任何人或物只要放對了地方，都會成為有用的「可造之材」。

1. 瓦拉赫效應：天才也怕選錯行

　　有些科學家連音階都抓不準，有些畫家連一封信都寫不好，可是他們「把自己放對了地方」，所以成就非凡。

> 示例 2-9　**諾貝爾獎得主瓦拉赫：傳奇的成才之路**
>
> 　　諾貝爾化學獎得主奧托・瓦拉赫，他的成功過程極富傳奇色彩。他在讀中學時，父母為他選擇了一條文學之路，不料一學期下來，教師為他寫下了這樣的評語：「瓦拉赫很用功。但過分拘泥，難以造就文學之才。」此後，父母又讓他改學油畫，可瓦拉赫既不善於構圖，又不會潤色，成績全班倒數第一。面對如此「笨拙」的學生，絕大
>
>
> 奧托・瓦拉赫
>
> 部分老師認為他成才無望，只有化學老師認為他做事一絲不苟，具備做好

化學實驗的素質,建議他學化學,這下瓦拉赫智慧的火花一下子被點燃了,終於獲得了成功。後人稱這種現象為「瓦拉赫效應」。

（資料來源：取自百度百科 http://zhidao.baidu.com/link? url=
XxDWGHPM2e7shO_...,2006 年 09 月 27 日）

　　金融投機大亨喬治‧索羅斯一開始想從事哲學,但無突破,後來發現自己的優勢在於從事金融,從此成為世界金融界的風雲人物;畢卡索剛出道時原本想當詩人,結果他的詩被極具鑑識能力的絲泰茵夫人評得一文不值,他因而改變初衷。幸好有這位貴婦的提醒,否則,這世界就不就少了一位大畫家了嗎?

　　當今社會印證「瓦拉赫效應」的事比比皆是,如:對待差生的態度及大學裡不許轉系換主修,企事業單位裡「管、卡、壓」的制度,等等,實際都在不停地扼殺著各種天才。其實,所有人和事物原本都是美好的,只是所屬的地方是否適合而已。所以,生命的最高境界是選對舞臺,然後盡情發揮自己獨特的才華與能力。

2. 用人之短：找到另類用武之地

　　有人說,垃圾是放錯地方的寶貝。筆直的木料用錯了地方便成了廢物,彎曲的木材用到適當的地方可成為寶貝。大自然既然造成了人類不同程度的強弱,也常常以破釜沉舟的鬥爭使弱者不亞於強者,這便是生態平衡規律。對用人者來說,應把握的原則是:不要把寶貝用錯了地方;對被用者來說,應遵循的原則是:不要找錯了用武之地。

　　「善用人者無廢人,善用物者無棄物」聰明的領導者會跳出傳統的「用人之長」的思維定式,用另類不拘一格的方式,讓更多人能夠「天生我材必有用」。如當某人的某個缺點特別突出或壓倒他的長處時,可考慮「用人之短」。比如讓吹毛求疵的人擔任品質檢查;讓凡事都爭強好勝的人管理生產;讓特別愛出風頭的人從事公關;讓特別愛斤斤計較的人管倉庫;讓特別謹小慎微、敏感多慮的人負責保全系統的工作;讓特別喜歡在外面跑來跑去的人負責宣傳工作;讓愛計較愛鑽牛角尖的人從事技術突破工作等。

當然，不是所有的短處都能找到合適的用武之地，如自私自利，唯利是圖；自高自大，目中無人；粗心大意，丟三落四等等，這些都是管理者必須面對的難題。最正向而又安全的辦法還是去發現他的長處，用其長處，包容短處，教育人人都要收斂自我，不斷提高自身素養。

（二）選擇舞臺：成就英才的首要條件

每個人從生下來開始，便努力證明自己並非是一個無用之人。為了追求這個夢想，貝多芬雙耳失聰後並未放棄音樂之路，堅強地去不斷探索，創造了音樂史上的奇跡；愛迪生為了打破夜晚的黑暗，執著地做了一千多次實驗，發明了電燈等等。

人生處處是選擇，如選擇生活地區、選擇工作單位、選擇交往的朋友等等，這一切選擇其實都是圍繞著實現自我價值。

示例 2-10　尋找自我價值：總有屬於自己的收穫

某個女孩高中畢業沒考上大學，被安排在當地的一所學校教國中。上課還不到一週，由於解不出一道數學題，被學生轟下講臺，灰頭土臉地回了家。母親安慰她說，滿肚子的東西，有的人倒不出來，有的人倒得出來，沒必要為這個傷心，找找別的事，也許有更合適的事情等著妳去做呢。

後來，女孩到了一家裁縫店，又因裁剪衣服太慢，品質也無法過關，沒幾天又被老闆趕出來了。母親對女兒說，手腳總是有快有慢的，別人已經做了許多年了，而妳初來乍到，怎麼快得了。又鼓勵女兒到另一個地方試試。

女孩先後到過幾家工廠、公司，做過行銷、會計和編織工，但一無例外地都半途而止了。而母親從來沒有說過抱怨的話，總是鼓勵她。

一個偶然的機會，女孩受聘於一所聾啞學校當輔導員，這次她如魚得水。幾年下來，憑著學手語的天賦和一顆愛心，深受學生們的愛戴。後來，她自己創辦了一家殘障學校；再後來，她在許多城市又開設了殘障人士用

品連鎖店等。

　　她母親說：一塊地，不適合種麥子，可以試試種豆子，豆子也長不好的話，可以種瓜果，瓜果也不濟的時候，撒上些蕎麥種子或種樹、種草等，總有適合它種的，也終會有屬於它的一片收成……

（資料來源：馬德，2005）

　　此例在現實生活中比比皆是，正如：能做縣長的人，未必做得了廠長；能做廠長的人，也未必做得了縣長。有的人在管理上不是人才，但在專業技術上也許就是棟樑之材了。同樣一個人，在甲地難以勝任職務，到了乙地就可能脫穎而出。尺有所短，寸有所長，人的智慧是多元的，發展也是不均衡的，他們一旦找到了發揮自己智慧的最佳點，都可取得驚人的成績。

示例 2-11　尋找人生舞臺：直接面對理想，無所畏懼

　　武漢大學一名分團委副書記，主動放棄學校保送名額，畢業工作一年多後，馬上就要派出國任職，他卻辭職了，決心到大山中的一所規模很小的私立學堂，探索中國新教育模式，來實現他人生的最大價值。2011 年 1 月，他在網上發表了萬言長帖《一名大學畢業生的反思》：「把自己對家人和朋友質疑的回答寫出來。你們也可以自己評析：到底是我瘋了，還是這個社會瘋了？」

　　他說：「看看現在的大學生面貌，有多少人不過是在混一張文憑而已，還自欺欺人地以為：這張文憑會給自己帶來一份不錯的工作和『錢』途，可能嗎？為什麼有那麼多人找不到工作待在家裡成為『啃老』一族？……」

　　「大學精神缺乏、遊戲成風、學生忙著為自己找光彩、老師忙著項目……學校老師說：武大授予很多官員『特聘教授』的頭銜拉攏他們，還送出大量的博士學位給各級官員，僅僅因為他們是有實權的官員，學校願意『證明』他們『很有學問』，讓他們撈一筆『學問資本』。這些都是公開的秘密。我發現在大學做學問也是一條走不通的死路。理想型老師注定要

被現實淘汰……」

　　大學應該是一個社會的良知和思想發動器，大學應該為這個社會培養具有正義、勇氣和智慧的學子，在他們走上社會之後能夠有能力去逐步改善這個社會中不好的東西，促進社會的發展，並不斷致力於人類物質社會的改造，以及科學、藝術文學等精神文明的探索和提升。「中國真正缺的不是錢，我缺的也不是錢。中國缺文化，缺教育。我也一樣。」……

（資料來源：萬言長帖一名大學畢業生的反思，2011 年 1 月）

　　此案例為「天生我材必有用」賦予了新的含義，那就是：不是單純地有份工作、能混飯吃，就算「天生我材必有用」了，而是要做自己樂意的、能實現自我價值的，同時也是振興民族所需要的工作。它不是用金錢來衡量的，而是一種社會的呼喚及良知。

參、育特種人才：英才教育觀

　　著名的中國飛彈之父錢學森之問：「中國為什麼「老是『冒』不出傑出人才？」體制、理念、文化、社會風氣等，都反映出一個關鍵問題：把學生當什麼？如當成器械、礦山、私有物品等東西，關上門隨意塑造，正如現實：當前大、中、小、幼「鐵路員警各管一段」（大陸的成語，即自己只管份內的事），我的地段我做。都以升學率為標竿，這不是培養傑出人才成的教育，所以必須從體制到理念進行改革。

■ 一、「行行出狀元」：人人都能出類拔萃

　　很多人認為，只有高精尖（即高端、精細、頂尖）才算傑出人才，而當高級技工等都不是傑出人才。這是認知的誤區！各行各業都需要領軍人才，要相信你能出類拔萃。

（一）英才教育：全面關注學生發展

教育是為了適合人的需要，而不是人去適合教育的需要，所以有什麼樣的孩子就應該有什麼樣的教育。但任何新的科學都需要實驗，教育也不例外。實驗不一定都成功，但不實驗永無成功。

1. 超常兒童是客觀存在的，低成就者也是客觀存在的，而且是大量的、不可忽視的。以中國科大少年班為例，成才率還是不錯的，約 10% 左右，那麼剩下約 80% 以上，幾乎都是低成就者。而精心選拔出的少年班、少兒班學生，他們本來都該成才，反而大部分不能成才，難道不值得我們深思嗎？

2. 在普通學生中，潛伏著最傑出的人才。

示例 2-12　從留級生到科學尖兵：最底層的諾貝爾獎得主

2002 年日本一個中小企業的普通工程師田中耕一，獲得了諾貝爾化學獎。他畢業於日本東北大學工學院電氣工程學科，二年級時必修德文不及格而留級一年。畢業後找工作時被索尼公司拒之門外，他僅有的幾篇論文發表在不很重要的會議和雜誌上，而且沒有受到太大重視。他沒有教授頭銜，日本學術界對他一無所知，是一百多年來諾

田中耕一

貝爾獎首位學士學歷獲獎者，有人稱他是「日本企業社會最底層的」諾貝爾獎得主。當記者問他如何得到靈感時，他說：起因是他錯誤地把一種溶液混入了另一種溶液。而使他將研究持續下來的原因則是他對化學、生物化學理論的無知，他不知道當時的理論認為蛋白質大分子不大可能被離子化。……

由於田中出身「低微」和日本政府求獎心切，而引發多國科學家認為，把諾貝爾化學獎授予田中耕一「非常不公正」。如德國的米夏埃爾·卡拉斯和弗倫茨·希倫坎普，他倆提出的類似研究方法雖說比田中耕一晚兩個月，但卻有效得多，對生物大分子研究的貢獻也比田中耕一大。

瑞典皇家科學院諾貝爾化學獎評選委員會主席本特‧諾登則堅持認為，把諾貝爾化學獎授予田中耕一是正確決定。他說，頒發諾貝爾獎的宗旨是獎勵那些率先提出可改變其他人思維方式的觀念的人，而田中耕一正是開啟生物大分子新研究領域大門的第一人，所以他當之無愧。

（資料來源：《訊息時報》，2002 年 12 月 11 日，責任編輯：宋麗雲）

　　不論你現在是優等生或差生，只要你能「放對位置」，只要你能優化自我，只要你能把握機會，出類拔萃是遲早的問題。否則只給人「抬轎子」了。

💡 思考活動 **2-3**

　　你認為，瑞典皇家科學院把諾貝爾化學獎授予田中耕一正的做法是對還是錯？據說 2012 年又有兩位差生榮獲諾貝爾獎，請上網搜索：他們是誰？為何能獲得諾貝爾獎？中國教育是如何對待差生的？請寫在下面。

_____

_____

_____

_____

_____

（二）成才關鍵：必要因素和決定因素

　　成才的因素是很複雜的。「必要因素和決定因素」是一種相對的說法。如心理素質與身體素質相比，則身體素質是必要因素，心理素質是決定因素；而心理素質與環境及教育相比，它將退為必要因素，而環境和教育則是決定因素……。

1. 心理素質是必要因素，環境和教育是決定因素

(1) 心理素質：智力＋非智力

智力關係著一個人的聰慧程度。目前最流行的是美國心理學家霍德華・加德納提出的「多元智力理論」。

中國心理學家提出的心理素質包括智力因素和非智力因素，更適合中國人的思維方法。有了這些素質，學好加德納提出的幾門「功課」不在話下。智力因素包括注意力（是知識的門窗）、觀察力（是認知的觸角）、記憶力（是知識的倉庫）、想像力（是思維的翅膀）、理解力（對事物本質的認識）、思維力（是左右腦結合）等；非智力因素（即情商）包括興趣（是使命感的源泉）、動機（是行動的內驅力）、情感（左右意志力）、意志（調節對目標的行動）、性格（注定命運）等，它在個人成才中發揮導向、動力、激化等作用，是成敗的決定因素。

智力好比機械系統，非智力好比動力系統。沒有動力的機器是不能運轉的，所以只有智力和非智力均優異者，才具備了成為英才的必要條件或因素。

(2) 環境和教育：塑造了人

人是環境和教育的產物，主要指：社會大環境及家庭、學校乃至班級的小環境，它會影響一個人的價值觀、情緒和言行舉止。所以，有什麼樣的環境，就有什麼樣的教育；有什麼樣的教育，就培養什麼樣的人及人才。如崔琦若留在中國農村，就是個普通的農民，但他到了香港和美國，有良好的環境和教育，使他的智力和非智力因素都得到了極大的發展，最終他成了一個天才的諾貝爾物理學獎得主（參見第五章），因此，環境和教育是英才成長的決定因素。

2. 創新是必要因素，人品和機遇是決定因素

創新是英才的本質，它是成才的必要條件。筆者認為，人才＝人品＋才華。人品就是人的品牌，好人品是一個人最閃亮的招牌和最雄厚的資本，好人品會給人帶來好運（機遇）。機遇是成功的放大器，它有改變人生的奇特功效，只要發現它並抓住它，你就有了施展才華的成功舞臺，所以它是成功的決定因素之一。

3. 夢想是必要因素，努力和細節是決定因素

　　夢想是你內心的欲望和遠方的誘惑，它是一張人生的價值單，是你聚焦才華、管理才華的綱領。夢想（目標）像一座高大的金字塔。有人只在山腳下徜徉就已經滿足了；有人停在山腰，觀看身後被征服的高度，就已經陶醉了；還有人不畏艱難，最終登上了山巔，領略了高峰的無限風光。因各人目標、意志、努力不同，所以結果也就不同。但在登山的過程中，一不小心，踩上一個小石子，就會讓你滑到山下，這就是細節導致失敗。所以，夢想是必要因素，努力和細節是決定因素。

　　能否處理好以上關係，是英才教育成敗的關鍵。

■ 二、英才教育：高貴素養的教育

　　社會上每天都或多或少上演著一些觸目驚心的、人性扭曲的坑蒙拐騙的故事，但同時我們也經常能聽到「感動中國」（是 CCTV 的一個專題目，每年公布有多少普通人讓中國感動），乃至感動世界的人性光輝的讚歌。如何讓善心、愛心、決心和必勝的信心照亮我們？英才教育應當仁不讓地去散播人性光芒的種子，並讓它在每個人的生命中萌發、成長。

（一）人性的光芒：高貴的公民素養

　　社會如何去對待最不幸的人，這是人性真、善、美的自然流露。人性教育是塑造人類自身真、善、美品格的必經之路，也是拯救人類道德淪喪的重要手段。人性教育，從本質上來說，是公民真、善、美的素養教育，是情感與美德教育，是信仰與理性教育。

1. 高貴素養：中華民族的傳統

　　自古以來，我們的民族就是一個多災多難的民族，每一代人都會在突如其來的災難面前發現自己的使命並努力完成這一使命。這種人性的力量源於我們民族文化美好善良和自強不息的堅韌，這是我們代代相傳的根脈，這樣的文化

基因流淌在我們的血脈之中，並在巨大的災難中得到了檢驗，經受了考驗，並且得到了富有實踐意義的有力傳承。

示例 2-13　人性文明的一幕

　　大陸中央電視臺綜合頻道的《發現之旅》節目曾經報導：考古人員在黃河古道的考古挖掘中，驚奇地發現凝固於幾千年前的人性文明的一幕：一名女性雙膝跪地，驚恐地仰望著蒼穹，雙臂把一個幼童攏在懷裡，雙手緊緊抱著幼童，幼童緊緊依偎在她的懷中。據考古人員推斷，這是當時人類面對滅頂之災的時候，本能地保護自己的孩子免受傷害。雖然，時至今日母子倆只以骨骼存在，但仍閃爍著遠古人性可歌可泣的光芒……

（資料來源：陳欣，2010）

示例 2-14　相似情景再現

　　2008 年 5 月 12 日下午 2 點 28 分這個令全世界銘記的時刻，相似的情景再現於四川省汶川縣北川的一個家庭裡：樓房倒塌的危難之時，一位母親雙膝跪地，上身前傾，雙手撐地，護住她的孩子。5 月 13 日中午救援隊員在這座廢墟下實施救援時，看到這令人感動的一幕。母親已經停止了呼吸，地上一個三、四個月的小女孩安然無恙。是她的母親用軀體頂住了塌下來的天，這定格在歷史瞬間的一幕，讓每一個看到的人怎能不動容，怎能不心顫，怎能不潸然淚下……

（資料來源：陳欣，2010）

　　在市場經濟中曾被金錢鏽蝕過的心靈和腐敗了的風氣，面對生命的巨大災難，顯得是那樣的渺小而被所有人鄙視和拋棄。人們目睹了醫生奮戰在救災第一線，又一次被人們譽為救死扶傷的白衣天使；老師踐履崇高的師德，一個個挺身而出，成為救護孩子的英雄和庇護神；而在城市的捐血站，再不用任何的

動員或指標的規定，人們毅然決然地紛紛伸出了胳膊，一夜之間全城的血庫盈滿……曾經被我們一些人所淡忘甚至不再相信的崇高、奉獻、無私、信念等這樣美好的詞彙，在一瞬間又回到我們的心頭，重塑起了一個民族生命希望的靈魂與形象。這就是人性中美好的力量。

2. 貴族精神：國人呼喚心靈高潔

貴族精神不是貴族的專利，也不是某個國家的專利。那是一種心靈高潔的呼喚，是一種追求卓越的心願，也可以說是對所有公民的要求。所以，貴族精神跟物質條件可以說沒有什麼直接關係。

一個失業工人，靠撿廢品、蹬三輪車的微薄收入，養活幾十個孤兒，還一個個送他們上學，這平凡人的偉大人性，實質也是貴族精神的體現。一年一度的「感動中國」頒獎（活動舉辦已超過十年），媒體上百次地報導，一個個甘於奉獻、努力創新、見義勇為、捨己救人的故事，背後支撐他們的都是一種精神，即我們此處所說的貴族精神。

示例 2-15　最美教師張麗莉

2012 年 5 月 11 日，黑龍江省佳木斯市第十九中學 29 歲女教師張麗莉「車禍瞬間救學生」。據佳木斯市中心醫院各科專家會診，車禍導致張老師腰椎骨折、骨盆骨折、雙下肢軟挫傷、雙下肢毀滅傷，並伴有視覺性休克。「考慮到她還年輕，還沒有生育，我們只截斷了她大腿根以下的部位，如果情況繼續惡化，恐怕連臀部也保不住了。」網友普遍認為，張麗莉真正詮釋了「為人師表」的含義，是當代教師和全社會學習的楷模。但同學們對張老師這次壯舉並不吃驚，因為平時她有很多愛學生的故事，這是她愛的一種本能。

（資料來源：最美教師張麗莉，取自百度
http://zhidao.baidu.com/question/4278830...，2012 年 5 月 24 日）

還有很多類似的普通人的最美人性的報導值得學習。

（二）高貴素養：讓成功繼續下去

富≠貴，富是物質的，貴是精神的。所謂貴族，其首要標準是看一個人精神所達到的高度，而不是看他擁有多少物質財富。所以貴族代表了尊嚴和品行。它使一個人有尊嚴地活著、乾淨地活著、優雅地活著，絕不為了一些眼前的利益和安逸，背信棄義，不擇手段。

1. 貴族精神教育：抗拒平庸的心靈力量

世界著名的貴族學校要實行如此嚴格和艱苦的軍事化訓練，目的是要培養學生的合作意識和自律精神。真正的貴族一定是富於自制力，一定是有強大精神力量的，而這種精神力量需要從小加以培養。

英國著名的貴族學校伊頓公學，是一所男校。它創建於 1440 年，是英國的「精英搖籃」。入學時是 13 歲的小男孩，離校時是 18 歲的謙謙君子。他們在那裡睡硬板床，吃粗茶淡飯，每天還要接受非常嚴格的訓練，甚至比平民學校的學生還要苦。伊頓公學也確實用這種方式培養出了英國 20 位首相、36 位維多利亞十字勳章得主，是詩人雪萊、經濟學家凱恩斯及英國王子威廉和哈利的母校。還有打敗拿破崙的威靈頓將軍，也是伊頓公學的高材生。

伊頓公學具有獨特能力，讓學生的自信由內而發，不會看起來傲慢或自負，這就是紳士風度。

真正的貴族紳士是一個真正高貴的人，正直、不偏私、不畏難，甚至能為了他人而犧牲自己，他不僅是一個有榮譽的人，而且是一個有良知的人。

示例 2-16　威靈頓將軍：打敗了拿破崙

威靈頓公爵

「鐵公爵」威靈頓（1769-1852），是英國陸軍元帥、公爵。他是世界軍事史上非常有名的人物，是伊頓公學的高材生。他曾經留下過一句名言，那是他和拿破崙進行決戰的時候，當時他冒著炮火在前線觀察敵情，他的參謀人員多次勸他早點撤下去，因為前線太危險，可是威靈頓就是不動，參謀人員只好問他：「您萬一陣亡了有什麼遺言？」他頭也不回地說：「告訴他們，我的遺言就是像我一樣站在這裡。」就是他，打敗了拿破崙。

（資料來源：取自百度「威靈頓將軍」）

　　貴族精神，首先就意味著個人要自制，要克己；奉獻自己，服務國家，承擔風險是精神貴族的行為準則。有人歸納出伊頓人 10 種最經典的品格：獨立、個性、友愛、忠誠、尊嚴、勇敢、傳統、紳士、幽默和使命感。

2. 懲罰教育：使搗蛋鬼進入諾貝爾獎

　　有人說，我們的教育要與國際接軌，接軌了嗎？我看是「接了個鬼」。都說新加坡的教育好，新加坡的中小學教室後面牆上不是經常懸著一把戒尺？據說，孩子表現不好，按規定打三下，只許打手心，不許打手背，必須兩個老師在場的時候才允許執行。英國議院通過了一條法規，大意是「允許教師在歷經勸告無效的情況下，採取包括身體接觸在內的必要手段，迫使不遵守紀律的學生遵守紀律」。說白了，就是可以適當地揍——當然不可亂揍無度。

　　德國只有 8,200 萬人卻分享了世界上一半的諾貝爾獎。它的幼兒教育拒絕「開發智力」，它的大學教育呢？以海德堡大學為例，它成立於 1386 年，至今已有六百多年歷史，是德國最悠久的學府之一。它還有一個聞名世界的、獨一無二的「學生監獄」。

3.德國大學的「學生監獄」：出了 10 位諾貝爾獎得主

德國海德堡大學的「學生監獄」，建於 1712 年，直到 1914 年因第一次世界大戰而關閉。當時入學的孩子年齡偏小，喜歡調皮搗蛋，經常在夜深人靜時，追趕鄰家的豬、打碎路燈等事情。根據法律，員警不能關他們，於是學校設立了「監獄」，以正校風。

學生依「罪行」輕重被關 2 到 4 週的時間。入監期間白天可以去聽課，下課後要乖乖地待在監獄裡。整個監獄是座陳舊的三層小樓，從外面看和其他住屋沒什麼兩樣，只有最上層裝有鋼針的窗戶給人戒備森嚴的感覺。入監後的前兩天是要挨餓的，只有少量的水和麵包，這也是學校懲罰措施的一部分。監獄院子裡有口水井，獄中沒有廚房，學生們得自己打水喝。有意思的是，學生們經常聚在牢房裡談天說地，做做小詩，他們相處甚歡，結下了深厚的友誼。

進入大門就是通往牢房的樓梯，所有的牆壁上都被五顏六色畫得滿滿的。學生們在牆上寫下自己的姓名、被關押日期，並畫下自己的側面像；有的還創作出浪漫的詩句和畫作。顏料主要是爐灰，其他顏色是從監獄外帶進來的。牆上頑皮率真的語言讓人看了不禁發笑。比如有個醫學院的學生鄭重其事地寫到「實習醫生診所開始營業了！1902 年 8 月 2-12 日。舒馬赫醫生」。

就是這麼個地方，培育了 10 名諾貝爾獎得主（右圖是學生在牆壁上畫的頭像）。

現在中國的孩子罵不得、說不得、批評不得，一點挫折都接受不了。特別是富家子女，在學校無法無天，乃至開著名車撞人……我們對孩子的教育大多的是鼓勵。沒有什麼控制、抑制、約束，一味以愛的名義對他們讓步，讓孩子快樂，他們不知逆犯了錯誤，內心必須痛苦，而且要付出代價，否則孩子就沒有擔當和責任。如何做人？如何成就大業？

💡 **思考活動 2-4**

　　根據以上示例，請你歸納一下，暴發戶和貴族在作風和教子方面各有何區別？請將你的看法寫在下面。

_____

_____

_____

_____

_____

4. 英才教育：如何培養高貴的素養

　　英才教育必須以貴族的高貴精神教育學生，讓英才兒童真正具有自制力，克己，做奉獻自己、服務國家的英才，讓平凡人擺脫平庸，也讓「成功者的後代繼續成功」。這就是它與應試教育的最大區別。

　　其一，我們必須明白：當今教育缺的不是知識，學校厭學者愈來愈多，而精神饑渴的人隨處可見，那些生活在沮喪、消極、失敗、憂鬱中的人，他們都迫切需要精神的滋養和靈感的召喚，要讓學生從內心滋生出自尊、自信和求知欲望。

　　其二，我們重視最基礎的知識，如數學、語文、外語、環境及生命教育等，首先打造人與環境的和諧，並保持生命的活力，然後以飽滿的熱情學習科學技術最前沿的知識，以使自己的創新更領先。

　　其三，英才教育的學校，不應提供任何貴族式的服務，應像伊頓公學一樣，一切都要靠學生自己管理，如學校社團、俱樂部和其他活動等；任何幹部都要透過競選才能得到職務，從小開始，讓學生變得精於施展魅力、學會做人處世。

　　其四，為公眾服務。這是一個好學生的重要指標。要想進哈佛、耶魯這些名校，考滿分沒有用，還要看你為公眾服務的精神。美國總統歐巴馬的政治魅力、政治經驗、領袖氣質等，就是從底層的服務開始的。

　　其五，為學生培養高貴素養和人格魅力提供各種機會，如舉辦即興演講、

辯論賽，以及各種協調、談判，爬山、異地考察、徒步或騎車旅遊等，以訓練他們的口才、感染力、號召力、策劃力、說服力、責任感及奉獻精神等。

其六，舉辦薰陶高雅氣質的活動，如國標舞、民族舞蹈、芭蕾舞、京戲（國粹）、歌唱比賽等，讓他們在這些比賽中，不斷提升自己。相關研究顯示：那些瘋狂發洩的當代歌舞或低俗文藝，會激發人的不良心態，不利於人際和諧。

本章摘要

本章概述了：英才的基本概念、特徵和分類；什麼是潛人才？人才為什麼會被埋沒？英才的教育觀是什麼？人品是英才永遠的魅力！天才也怕選錯行，選對人生舞臺，是成就天才的決定要素。

本章語錄

- 要營造一個欣欣向榮、人人都能出類拔萃的社會，即人盡其才，才盡其用的社會風氣，它體現了「善用人者無廢人，善用物者無廢物」，即天生我材必有用武之地。個人要想成為一個英才的首要條件是，務必要選對人生舞臺，那比天賦更重要，因為，天才也怕選錯行。

- 各行各業都有非凡的創新能力和重要創新成果的領軍人物，即英才，他們是頂尖級人才，是人類的精品。

- 價值觀是一個人的靈魂。沒有人性和良知的卓越，是失去靈魂的卓越。只有實施普世價值觀的教育，才能培育出人類公認的、具有高貴人性的英才，才有可能被世界接納和認可，並對人類的發展做出貢獻，也才有望立於世界之林。

- 在人才學裡，有顯人才與潛人才之分。所謂潛人才，是指那些具有一定知識及創新潛能而等待機會顯示的人。很多人研究的都是已經顯現的各種人才，較少有人關注尚未嶄露頭角的潛人才。豈不知「任何人才都有一個從潛到顯的孕育、顯露過程」。所以，潛人才是人才學研究開發的

主要對象之一。

- 其實，所有人和事物原本都是美好的，只是所屬的地方是否適合而已。所以，生命的最高境界是選對舞臺，然後盡情發揮自己獨特的才華與能力。

- 對用人者來說，應把握的原則是：不要把寶貝用錯了地方；對被用者來說，應遵循的原則是：不要找錯了用武之地。

- 尺有所短，寸有所長。人的智慧是多元的，發展也是不均衡的，他們一旦找到了發揮自己智慧的最佳點，都可取得驚人的成績。

- 夢想是你內心的欲望和遠方的誘惑，它是一張人生的價值單，是你聚焦才華、管理才華的綱領。夢想（目標）像一座高大的金字塔。有人只在山腳下徜徉就已經滿足了；有人停在山腰，觀看身後被征服的高度，就已經陶醉了；還有人不畏艱難，最終登上了山巔，領略了高峰的無限風光。因各人目標、意志、努力不同，所以結果也就不同。

- 自古以來，我們的民族就是一個多災多難的民族，每一代人都會在突如其來的災難面前發現自己的使命並努力完成這一使命。這種人性的力量源於我們民族文化美好善良和自強不息的堅韌，這是我們代代相傳的根脈，這樣的文化基因流淌在我們的血脈之中，並在巨大的災難中得到了檢驗，經受了考驗，並且得到了富有實踐意義的有力傳承。

- 富≠貴，富是物質的，貴是精神的。所謂貴族，其首要標準是看一個人精神所達到的高度，而不是看他擁有多少物質財富。所以貴族代表了尊嚴和品行。它使一個人有尊嚴地活著、乾淨地活著、優雅地活著，絕不為了一些眼前的利益和安逸，背信棄義，不擇手段。

- 世界著名的貴族學校要實行如此嚴格和艱苦的軍事化訓練，目的是要培養學生的合作意識和自律精神。真正的貴族一定是富於自制力，一定是有強大精神力量的，而這種精神力量需要從小加以培養。

- 我們必須明白：當今教育缺的不是知識，學校厭學者愈來愈多，而精神饑渴的人隨處可見，那些生活在沮喪、消極、失敗、憂鬱中的人，他們都迫切需要精神的滋養和靈感的召喚，要讓學生從內心滋生出自尊、自

英才教育
天生我材必有用

信和求知欲望。

請您深思

1. 確立人生價值是一個嚴肅的問題,請想想在你的人生中,哪個人、哪件事對你的價值觀形成有重大影響?

2. 本章論述了幾個「差生」獲諾貝爾獎?這對我國教育有何啟示?

3. 你對英才和英才教育有何看法?

4. 如何使成功者的後代繼續成功?

Chapter ③

育未來英才──
依據傑出人才的特質

　　這是一個連種花木、種草、養魚等都要關注水土環境和技術的時代，花草和魚的品種不同，對水土的要求也不同（如溫度、酸鹼度等），名貴花草或名魚要求更高。培養人才，特別是育傑出人才，哪能像「大田作業」那麼簡單！它不僅需要適宜的陽光、水土、肥料、溫度等，還需要精耕細作和特殊的技術等。

中國為什麼冒不出傑出人才？魯迅先生早於 1924 年在北師大附中做的《未有天才之前》的報告中給出了答案，他說：「想看喬木，想看好花，一定要有好土，沒有土就沒有花木了；天才大半是天賦的，唯有這培養天才的泥土，似乎大家都可以做，做土的功效，比要求天才還迫近，否則，縱有成百成千的天才，也因沒有泥土，不能發達。」（魯迅，1973）2008 年諾貝爾化學獎得主錢永健說：「一個成功的科學家必出於一個開放的社會，自由的環境是培育科學家的必要條件」（錢永健，2009）。

中國不缺有天賦者，缺的是「做土的功效」和「開放的社會、自由的環境」。

壹、英才教育：展示人性光芒

當今英才教育（含廣義與狹義）的時代背景是：其一，育英才不是造考試機器或育「失去靈魂」的卓越者。其二，當今英才教育理論都是一種教育手段，有的忽視品德，有的忽視創新，鮮有論及傑出人才的卓越習性特質和大愛無私的人性，忽略這些的後果，將比當年忽略環境汙染帶來的災難更大。所以，英才教育急需注入人性光芒的教育。

一、育英才兒童：通識博雅的核心

大陸高中文理分班，使得科學與人文相對分離，這是一種培養單視野的「考試人」、「生物人」、「有 IQ 無 EQ 的人」，這些各種破碎之人，自然不是全人，更不是科技英才。

（一）全人教育：和諧人格與生命價值

全人教育關注：人性和人的命運、和諧人格和人的自由全面發展、人的生命價值。全人教育首先要關注兒童的生存環境、身心健康、心靈世界及其發展。

示例 3-1 「**90 後**」學生的吶喊

　　《重點中學》作者何天白說：「重點中學是一座圍城，外面的人想進去，因為那裡是通往大學的捷徑；裡面的人卻想出來，因為這裡是束縛個性的牢籠。」「經濟上講 GDP，升學率就是教育上的 GDP。有人現在批判唯 GDP 論，可是沒有 GDP，怎麼過日子？……礦工們死於礦災，留下的是帶血的 GDP；有才能的校長被累死，留下帶血的升學率。……教育功利化，讓教育尊嚴掃地。」

　　「小學拿走了獨立價值觀，中學拿走了自主思考，大學拿走了理想夢想，自此以後我們的腦子就像太監的內褲，裡面什麼都沒有。這便是你花十六年接受中國教育的結果。」《我不原諒》作者鐘道然說。

　　這二位都是 1990 年以後出生的全國著名重點中學的畢業生，他們對中國當代教育發出了人性吶喊和呼籲。

1. 真、善、美：人格和諧的標誌

　　當今人性的假、惡、醜，正在顛覆著我們的國家和社會，甚至威脅著我們的生存。如一年一度的「3‧15 晚會」（每年 3 月 15 日 CCTV 的「打假」晚會，專門揭露坑蒙拐騙的事件）曝光的那些驚人的偽劣假冒案件，以及「感動中國」（CCTV 發啟的：感動億萬人的事蹟）那種點燃心中真、善、美的明燈，張揚了一種和諧的價值觀。

- 真，即追求真理和真實的精神：「真」是相對「假」、「空」而言；它是指追求真理、追求真實（如做人、做事、做學問等）的真誠求實精神。
- 善，即善心、善行：「善」是一個知行合一的詞。「善心」指「善解人意」，「善行」指「與人為善」、「善待他人」。這是做人的基本道德。簡單地說，就是「己所不欲，勿施於人」，真誠的善思、善行。
- 美，即「美麗」、「美好」，是做人的基本修養：人人都想做個「美麗」的人，過著美好的生活。「美」是挽救人類道德墮落不可缺少的組成部

分，對人格修養有著巨大的作用，是修身養性之道。

其實人性的真、善、美和假、惡、醜潛藏在每個人心中，兩者始終在較量，較量的勝負決定於社會制度和自我意識。在民主、法治及自我控制下，人性會釋放出高貴的真、善、美；在專制和自我放縱下，人性會釋放出魔鬼般的假、惡、醜。教育不能改變一切，但教育必須行動。

2. 身心健康：人生快樂的第一要素

身心健康指一個人在身體、精神和社會等方面都處於良好的狀態。1989 年世界衛生組織（WHO）明確指出，健康不僅指沒有疾病，而且還包括身體健康、心理健康、社會適應和道德健康四個方面。身體健康是心理健康的基礎，心理健康又是身體健康的必要條件。一個人只有身心都處於健全、良好的狀態，才能成為一個和諧發展的健康的人。

3. 人與環境：和諧的生命

近百年來，我們總是站在人類追求的對立面。當 21 世紀人類追求環境革命的時候，我們選擇了拚政績、毀環境、求發展的愚蠢方式。亂砍濫伐，亂排亂泄，江河湖海大面積汙染，生態、生物鏈已出現嚴重問題。水陸各種生物，有的已經絕跡，有的瀕臨滅絕，而我們脆弱的生命也在垂死掙扎中。我們強烈呼籲：在政府重拳出擊，綜合治理下，人人都要明白：在追求和諧社會的過程中，人類該怎麼行動。在打造和諧人格的過程中，人生觀與價值觀的教育已刻不容緩。

（二）中國英才：呼喚責任與素養

一個國家，精英階層的愛國態度，對社會穩定與興衰具有重要影響。

1. 精英出走：責任感的危機

當今很多中國人像得了移民狂躁症似的，做夢都想出國，他們背井離鄉、遠走他國，難道國外遍地是黃金嗎？絕對不是！這是一種「全球化」文明開放

的大趨勢。2010 年 6 月 10 日，《環球》雜誌與新浪網聯合發布的調查報告顯示，接受調查的七千多人中有移民意向者高達 88.2%（韓洪剛，2010）；滙豐銀行發布的調查報告顯示，在中國流動資產超過 50 萬元人民幣、月薪超過 12,000元人民幣的人，有 60% 在十年內有移民計畫（孫立平，2011）；中國招商銀行與美國私人股權投資公司貝恩資本，於 2011 年 4 月共同發布的《2011 中國私人財富報告》顯示，個人資產超過 1 億元人民幣的企業主中，27% 已經移民，47%正在考慮移民（http://finance.Chinanews.com/fortune/2011/05/08-16/3261123.shtml）。

這些精英因國內缺乏安全感、子女前途及環境生態惡化等原因而「逃離」祖國，俗話說：「兒不嫌母醜，狗不嫌家貧」，如此愛國態度，豈不是精英責任感的危機嗎？

2. 素養危機：一個真實的故事

> 示例 3-2　逃票：因小失大
>
> 　　CCTV《財富人生》節目中，有一位當今頗具知名度的青年，講了一個真實的故事。十二年前，有個小夥子在法國過著半工半讀的留學生活。漸漸地，他發現當地車站幾乎都不設驗票口，也沒有驗票員，甚至連隨機抽查都非常少，他憑著自己的聰明，精確地估算出逃票被查到的概率僅為萬分之三。他為此發現而沾沾自喜，從此他便經常逃票上車。
>
> 　　四年後，名校的金字招牌和優秀的學業成績讓他充滿自信，他開始頻頻地進出巴黎一些跨國公司的大門，躊躇滿志地推銷自己。但數日後，都被莫名其妙地婉言相拒。最後，他給其中一家公司的人力資源部經理寫了一封電子郵件，懇請他告知不予錄用的理由。當晚他就收到了對方的回覆：
>
> 　　「陳先生，我們十分賞識您的才華，但我們調閱了您的信用紀錄後，非常遺憾地發現，您有三次乘車逃票紀錄。我們認為此事至少證明了兩點：一是您不尊重規則；二是您不值得信任。鑑於此，敝公司不敢貿然錄用您，

請見諒。但丁說過：『道德常常能彌補智慧的缺陷，然而，智慧卻永遠填補不了道德的空白。』」

他說：「這就是我。最後一語，讓我如夢方醒、懊悔難當。我能走到今天這一步的原因，就是我把昨天的『絆腳石』當成了今天的『墊腳石』。」現場頓時掌聲如潮。

（資料來源：陳文傑，2006）

「逃票」、「逃稅」、「代考」、「作弊」等看似小事，卻反映了中國人的基本素養和法國人的差距，法國人為我們提供了治理道德敗壞的有效良方，希望我們的政府也儘快建立起覆蓋全社會的道德、誠信治理體系。

💡 思考活動 3-1

你怎樣看「逃票」、「逃稅」、「代考」、「作弊」？你覺得社會應該怎樣應對？請把你的想法寫在下面。

_____

_____

_____

_____

■ 二、育英才兒童：播種人性的魅力

英才教育更強調個體更高層次的卓越發展，強調關注教師的身心健康，以及教師的言行舉止會對學生的潛移默化和巨大的感染力。

（一）英才的基本素養：博愛、自律、誠信

人格優化是建立在基本素養之上的，博愛、自律、誠信是最基本的人性。

1. 博愛：大愛無限

大愛即博愛，是人性崇高的愛，它有感天動地之力。

當人們面對自然災害、突發事件等特殊情況時，人性的博愛、大愛就會爆發出來，如最好教師、最好媽媽、最好司機等，都反映了中國民眾的博愛和大愛。

博愛或大愛，需要寬廣的心胸和強烈的責任感，它是對生活的熱愛和對世界的感恩，這是一種價值觀，它讓人們用一顆充滿愛的心去無怨無悔地關注身邊的人和事物。

每個人都想給自己的生命留下更多感動與回味，都想讓人生在奮鬥中一天天走向博愛與圓滿，這就是英才所選擇的路。

2. 自律：自愛、自省、自控

自律，就是按照自己的道德底線或道德提升，要求自己並管住自己的言行舉止。它包括了以下幾點：

(1) 自愛：珍惜自己的名聲和生命

只有自己愛護自己，才能有效地愛護別人，別人才會愛護你。

示例 3-3　**自愛的底線：人格的自尊**

中國著名的愛國將領葉挺將軍為我們樹立了良好的榜樣。他被捕入獄後，敵人許以高官厚祿誘其投降，被他嚴正地拒絕了。在獄中，他寫下了著名的詩《囚歌》：為人進出的門緊鎖著，為狗爬出的洞敞開著。／一個聲音高叫著：爬出來吧，給你自由！／我渴望自由，但我深深地知道：人的身軀怎能從狗洞裡爬出！／我希望有一天，地下的烈火，將我連這活棺材一齊燒掉。／我應該在烈火與熱血中得到永生。

自愛的基礎是自信。自信是人生的力量，傳統教育讓孩子「聽話」，多聽話便會少用腦，養成依賴心理，造成孩子缺乏自信和自愛，也造就了「奴才」。

💡 **思考活動 3-2**

　　請選出一件自己十分心愛的東西，然後在下面寫下自己如何對待它（至少五點，包括怎樣做、希望它會怎樣……），以及自己的行為和動機。

_____

_____

_____

_____

_____

(2) 自省與自控：反思與行動

　　反思是一種智慧，自控是一種意識。在心理學中，有把人的性格分為外控型和內控型兩種類型。外控型的人常會說：「我的快樂和痛苦都是命中注定的。」由於自己無能為力，所以對一切都不負責任，也不反思。內控型的人常說：「我的快樂和痛苦都是我自己所做的決定和努力。」所以他們常常反思，並竭盡全力地去改變命運。兩種性格將收穫兩種完全不同的人生。

3. 誠信：人品的「身分證」

　　自從轟動中國的三鹿奶粉事件曝光後，各行各業的不自律現象頻頻顯現。從媒體揭發到微博拍磚（即批評的意思，此乃網路用語），益發頻繁的誠信危機，正威脅著國計民生！

　　社會風氣為什麼這麼壞，乃至沒有安全感，就是坑蒙拐騙的人太多了。

　　誠信就是誠實守信、一諾千金；誠信是為人之道、立身處事之本；漂亮的承諾或大話，若成了坑蒙拐騙的外衣，人就和無恥禽獸沒有兩樣。所以，誠信是人品的「身分證」，是靈魂的面具，正像個性是人性的面具一樣。

　　誠信需要每個人從身邊的小事做起。想想怎樣為自己樹立「誠信」招牌，如許一個誠信承諾，讓誠信伴隨人生；立一句誠信格言，讓格言的力量永遠偉大；留一條良好的信用紀錄，並把它推薦給所有人！

（二）英才的精神素養：信念、正義、奉獻

信念、正義、奉獻是使命感的確立和實現過程中不可缺少的精神支柱。也許每個人對這三個詞都有自己的定義，但關鍵是應用。

1. 信念是什麼？它對人生有何作用？

信念是對目標實現的觀念和感覺，它是將理想、情感、意志融為一體的動力，它是實現目標的決心、信心和恆心。信念是人人都可以支取的，並且是取之不盡、用之不竭的最大潛能。例如：

某人跳樓自殺了，很多人說他是因為失戀而自殺的，這個說法對嗎？　□

某人由於炒股票而輸得一乾二淨，從而精神崩潰了，這種說法對嗎？　□

心理學中有個著名的「A—B—C理論」，是理情療法的精華所在。A（antecedent）即事情的起因，B（belief）即信念（內因），C（consequence）即結果；信念 B 是造成不良後果的「元凶」，而不是 A 直接造成 C。

不同的信念產生不同的情緒，不同的情緒導致不同的行為和後果。

2. 正義：公平、善良、正確、罰罪

公平和正義，是千百年來人們呼喚的共同目標！從「包龍圖怒鍘陳世美」的王子犯法與庶民同罪，到「秋菊打官司」為了討個說法，樸實、善良的人們都在執著地追求著公平與正義。

如果沒有正義做後盾，犯罪和邪惡就會橫行，公平、善良、正直將受到踐踏，勇氣又有何裨益？

正義感是人戰勝邪惡、維護和諧的道德行為的昇華。「哪裡有正義，哪裡就是聖地。」（培根）

然而，在現實生活中，善良被欺壓、公正被嘲笑、正直被拋棄、罰罪成了罰善的事情時有發生，人們疾呼：正義何在？善良何在？社會需要清官包龍圖，更需要人人都能從身邊的平常小事做起，身體力行，善待他人，同情和幫助弱者。「天下興亡，我有責」，這是英才面對嚴重的社會問題應有的擔當。

3.奉獻：不計回報地為他人服務

愛因斯坦說：「一個人的價值，應該看他貢獻了什麼，而不是看他取得了什麼。」人類及我們的國家需要奉獻，火熱的生活及生命需要奉獻，奉獻我們的熱血、辛勞、眼淚和汗水。

「感動中國」的人物，絕大多數都是反映平凡人的人性，這些人始終用奉獻不動聲色地支撐和滋潤著這個世界，安慰著那些受過創傷的心，使之成為氣韻流長、綿延不絕的中國精神的一部分，如同一盞精神的燈，長久地在焦躁和冷漠的時代散發著光芒，溫暖著人心。他們弘揚的是奉獻的道德價值觀，他們讓生命在奉獻中完善並實現價值，讓人生在奉獻中獲得真誠和坦蕩。

貳、傑出人才的特質：育英才的依據

只有具備傑出人才特質的人，才可能成為英才。傑出人才的特質很多，在長期研究傑出人才成長規律的過程中，筆者概括出了傑出人才的五大基本特質，即強烈的使命感、持久的熱忱、超常的創新、超常的績效和非凡的領跑力，並分階段實施教育。現簡要詮釋如下。

■ 一、強烈的使命感：好奇→興趣→樂趣→志趣

使命感，即敢於承擔非凡的責任，它是發自內心深處的呼喚。所謂的使命感就是方向感，它是理想、信念、目標、價值觀、危機感、緊迫感等的綜合，也是一定時代和社會賦予每個人的責任和自我感知的認同。人一旦有了使命感，任何苦難都能戰勝。

使命感要從小培養，但幼稚園孩子對此又聽不懂，怎麼辦呢？讓我們從使命感的發展歷程開始吧，即：好奇→興趣→樂趣→志趣（即使命感）。

（一）好奇與興趣：使命感的心理萌生

　　好奇與興趣，是孩子本能的心理需求，也是一切科學發現與發明的開端。

　　好奇心人皆有之，兒童的好奇心最為強烈。假如瓦特沒有對水壺蓋被蒸氣沖起產生好奇心，就不會發明蒸汽機；假如牛頓對蘋果落地熟視無睹，就不會發現萬有引力；假如伽利略對吊燈搖晃視而不見，就不會發現單擺原理……。

1. 好奇心：探究的源頭

　　好奇，它是人們對未知事物的本能關注、接近、探究。人的好奇與動物不同，人由視覺性好奇而引發表面觀察，由知覺性好奇而發現差異，由智力性好奇而引發探究，即尋找新途徑來詮釋亮點，從而創新。

示例 3-4　好奇心：敲開諾貝爾獎的大門

約翰・麥克勞德

　　英國著名學者約翰・麥克勞德讀小學時，好奇心特別強，老想看看狗的內臟是怎樣構成的。一天，他終於按捺不住強烈的好奇心，「解剖」了一條小狗。然而，讓他後悔不迭的是，這條小狗竟是校長的寵物。更讓他始料不及的是，校長並沒有因此而「嚴懲」他，只罰他畫了一幅人體骨骼圖和一幅人體血液循環圖。結果，這使他與生物這門學科結下了不解之緣。後來，他成了舉世聞名的生物解剖學家，並因成功研製出胰島素而榮獲諾貝爾獎。

（資料來源：blog.sina.com.cn/s/blog_5c9b9fb10101...，2013 年 7 月 23 日）

　　該校長成就了一位了不起的諾貝爾獎大師，他把不可能變成了可能。好老師不在於向學生傳授了多少知識乃至於無原則地滿足學生考高分需求，而在於他是否能激發學生對學習的興趣。

　　然而，人的好奇心是有道德底線的，突破了道德底線就意味著犯罪，如清

華學子劉海洋因好奇心而用硫酸潑熊，被一狀告到法庭。

2. 興趣：邁向科學的內驅力

大千世界無奇不有，有人「過目不忘」，有人「丟三落四」，有人因厭學跳樓自殺，有人因厭琴而砍手……這些都是「我要學」（有興趣）與「要我學」（無興趣）造成的最大區別。不管是生活，還是學習，當你對它充滿興趣，你就會發現，記住它是一件多麼簡單的事情。

孔子說：「知之者不如好之者，好之者不如樂之者。」即良好的心態會激發求知欲，結果事半功倍；反之，若愁眉苦臉，還可能弄巧成拙。故「興趣是最好的老師」，興趣是邁向科學的內驅力。

（二）樂趣與志趣：使命感的成長

人為什麼要承擔使命，誰給我們的使命感，你想過嗎？

賈伯斯和比爾・蓋茨的錢財已經多到花不完了，他們為什麼不像暴發戶那樣去揮霍呢？因為他們不僅僅是為了錢，而是源於他們心中的使命感。

當受到某種需求的震撼時，就必須下定決心，用自己的努力去戰勝困難並達成心願。這種內驅力來源於多處。

1. 愛國情結：激發責任感及使命感

> ### 示例 3-5 突發事件：激發學習動力和愛國熱情
>
> 中國駐南斯拉夫大使館被炸，引發青少年的愛國熱情，當年很多高三學生報考軍事院校；SARS 爆發時，有很多孩子為疾病對人類的威脅而感到憤怒，從而報考醫學院；還有中國發射「神舟」五號，又使不少孩子將成為太空人作為自己的夢想。類似這樣的突發事件，如果我們充分利用，都會成為激發孩子們責任感和使命感的因素。

2. 各種不幸：引發責任感及使命感

> ### 示例 3-6　用健全的頭腦代替不健全的腿
>
>
>
> 　　大數學家華羅庚，在數論、代數、函數等學科領域裡取得了卓越的成就，曾任中國科學院副院長。然而他手裡只攥著一張初中畢業文憑！爾後他考上了上海職業中學，因繳不起學費而被迫輟學。於是他只好回到父親的小雜貨店去站櫃檯、記帳，從此他開始自學數學。18 歲那年因患傷寒，腿腳落下殘疾。他想用健全的頭腦代替他那不健
>
> 華羅庚
>
> 全的腿，成為一個有真才實學的人。他說，我選中數學，因為它只需一支筆、一張紙。從此，他每天在小店關門後，挑燈夜讀，沉醉於數學王國中。他的興趣，發展成了志趣，最終走上了卓越之路。
>
> （資料來源：取自百度 http://baike.baidu.com，2013 年 12 月 13 日）

3. 歷史懸念：引發責任感及使命感

　　老師或家長在給孩子講故事時，要善於從歷史或科學史的懸案中給孩子提出一個課題，然後讓孩子大量地蒐集這方面的資料，從而獲得學習的動力。數學家陳景潤上中學時，數學老師說，自然科學的皇后是數學，數學的皇冠是數論，哥德巴赫猜想則是皇冠上的明珠。這件事激發了陳景潤不顧一切地攻克「哥德巴赫猜想」的使命感（參見本書第四章）。

　　使命感就是把自己與一個偉大的事業聯繫在一起，釋放生命的激情。使命感是高瞻遠矚的崇高的核心價值觀，使命感是職業精神的靈魂，使命感是完成艱巨任務的堅定信念。

💡 思考活動 3-3

　　引發學習興趣及志趣的原因可能有幾十種，都會點燃英才的使命感，請你列舉自己或周圍人的有關事例，並寫在下面。

＿＿＿＿＿＿＿＿＿＿＿＿＿＿＿＿＿＿＿＿＿＿＿＿＿＿＿＿＿＿＿＿＿

＿＿＿＿＿＿＿＿＿＿＿＿＿＿＿＿＿＿＿＿＿＿＿＿＿＿＿＿＿＿＿＿＿

＿＿＿＿＿＿＿＿＿＿＿＿＿＿＿＿＿＿＿＿＿＿＿＿＿＿＿＿＿＿＿＿＿

＿＿＿＿＿＿＿＿＿＿＿＿＿＿＿＿＿＿＿＿＿＿＿＿＿＿＿＿＿＿＿＿＿

＿＿＿＿＿＿＿＿＿＿＿＿＿＿＿＿＿＿＿＿＿＿＿＿＿＿＿＿＿＿＿＿＿

■ 二、持久的熱忱：方向→竭力→自制→激勵

　　持久的熱忱即非凡的情意。科學本無平坦的大道可走，科學家們吃力地跋涉在崎嶇的山路上，稍不小心就有可能滑下山崖，摔得粉身碎骨……，沒有超出常人的情感和鍥而不捨的意志和熱情豈能走向成功？

　　「持久的熱情」需要有方向感，正如沒有方向的導彈，不知打到哪兒去，效果難控。所以目標、夢想是情意的方向盤，情意是目標、夢想的守護神。

（一）竭力與自制：超我的耐心和毅力

　　「竭力」即竭盡全力，是超我的耐心；「自制」是牢牢地把握自己，是超我的毅力。兩者都需要耐心挺住。當然挺住不一定都能成功，但不挺住永無成功。

1. 竭力：超常的耐心和等待

　　居里夫人在 8 噸鈾礦渣中提煉出 0.1 克鐳鹽；盧瑟福在 2,5000 張基本粒子的照片中獲得 6 張人工轉變元素的照片；吉耶曼和沙利在長達二十一年的歲月裡，從 27 萬個羊腦中，獲得 1 毫克促甲狀腺釋放激素……他們忍住了同行的一切懷疑和譏諷，克服了資助中斷和種種科技難關，可謂竭盡全力的耐心和等待！

許多人最終沒有成功，不是因為他們智慧不夠、誠心不足或者沒有對成功的熱望等，而是缺乏足夠的耐心。他們往往虎頭蛇尾、有始無終。凡是能成大事者，必有足夠的耐心、持之以恆的努力和等待。

示例 3-7　「中國愛迪生」：竭盡全力與輝煌人生

蔡祖泉（1924-2008），浙江餘杭人，歷任復旦大學副校長、上海市科協副主席等職。他只讀過三年小學，從工廠學徒到大學教授全靠自學成材。他製造了我國第一盞氫燈、高壓汞燈、氖燈和長弧氙燈，我們生活的世界處處被他照亮……可以說，目前全世界 80%的節能燈都由中國生產，成為世界第一產燈大國，這與蔡祖泉是分不開

蔡祖泉

的。1984 年，他在復旦大學開設了教育部批准的唯一的光源與照明工程專業系，培養出無數優秀人才。1987 年，本著強烈的使命感，由他牽頭創辦了中國照明學會。卸任後，他每年都有一兩項專利。他常笑著說：「愛迪生到晚年仍堅持發明研究，我也要活多久，就工作多久。」

（資料來源：http://edu.people.com.cn/GB/9676697.html）

中國愛迪生蔡祖泉雖沒有高學歷，但他一生竭盡全力，這是他達到光輝頂點的重要原因。

2. 自制：拒絕誘惑及情緒

有人說「衝動是魔鬼」，「上帝欲讓你滅亡，必先讓你瘋狂」。很多高智商者之所以淪為囚徒，有的是因為管不住自己短暫的情緒而一時衝動，有的因抵擋不了誘惑，而無力等待。有名的「軟糖試驗」就是測試一個小孩能否拒絕誘惑，並在長期等待中獲得大成就。

自制力也常常敗於不良心態，如，一位走鋼絲的演員，如果在表演前心態不佳，不管他有多麼頑強的意志，各種不幸的念頭還是會頻頻出現。如果當他

踏上鋼絲的第一個想法是「掉下去怎麼辦」，那他就可能真的會掉下去。

由此可知，對科技英才也一樣，意志很重要，情緒管理更重要。

（二）學習與激勵：點燃熱忱的靈魂之火

熱忱是深存於一個人內心的熾熱的精神特質，熱忱是靈魂之火，是成功的秘訣，也是一種難能可貴的心理品質。熱忱需要學習和激勵。

1. 熱忱：令你充滿活力

一切奇蹟和新事物都是在激情和忘我的責任感中創造出來的，全球兩百大企業CEO特質調查發現，A級人和B級人之間，最大的差別就是熱忱！熱忱的人找的是價值，而非價格！

熱忱能調動一個人全身心的細胞從渾渾噩噩中興奮起來，並助其排除懶惰和恐懼，使其屢敗屢戰直到勝利。

熱忱能產生偉大的力量，如果一個人沒有能力，也沒有資金或設備，卻有熱情，他可以使有才能的人聚集在自己的身邊；他還可以用熱情說服有資金或設備的人，回應已有的夢想。所以，熱忱是工作的靈魂，它使人們內心充滿活力並所向無敵。無比地熱愛科技，更是成就科技英才的首要因素。

2. 熱忱：學習與自我激勵

熱忱對於很多人，特別是對於那些性格內向型的人來說，需要學習。如：其一，給人熱忱的感受：微笑與寒暄，握手與擁抱；其二，要學會讚美別人、喜歡別人，直到自然而然為止；其三，要傳播好消息，恭喜有成就的人，安慰憂傷的人；其四，培養興趣，它能讓你熱情起來……。

人生的旅途就像馬拉松賽跑，一路上雖然有人為我們喝采、鼓掌、加油，但真正的力量來自內心。從內心挑戰自我是我們生命力量的源泉。人生要明白，最終超越別人遠沒有超越自己來得重要。塑造自我的關鍵是擺設你的人生棋局，利用自身的進取心和自我激勵（即積極的自我暗示，詳見下一章），甘做小事，而且即刻就做，不能一蹴而就。今天是你整個生命的一個縮影，只有重視今天，

自我激勵的力量才能汩汩不絕。

■ 三、超常的創新：疑問→批判→想像→首創

創新始於意識，決定於能否用批判思維去發現問題和思考問題。

（一）疑問與批判：英才與奴才的區別

沒有疑問就沒有批判，也就沒有獨立思考。故質疑是獨立思考的開端，也是英才與奴才的區別。奴才教育，要培養百依百順的「馴服工具」，害怕青少年有判斷力，要讓他們對批判國家、社會和領袖抱有憎惡、罪惡和公敵感。英才教育，要培養敢於疑問和批判，學會獨立思考和創新，要維護科學和真理，以及社會進步。這就是兩者的根本區別，也是突破創新瓶頸（障礙）的最大關鍵。

1. 由觀察力到洞察力：解決問題的開端

問題常有，只是缺乏發現問題的觀察力，如走馬看花、熟視無睹、視而不見、見怪不怪、麻木不仁等誤區，讓諸多人失去了疑問，同時也使想像力關上了窗戶並落滿灰塵。觀察力要從小培養，方法很多，如「行視」（邊走邊看）回憶、「速視」（迅速掃描）回憶、「統視」（總體看）回憶及「找東西」、「找不同」、「找缺失」、「走迷宮」等。

觀察是對表面現象「看」；洞察是「看」後好奇、發問、探究，並回答「為什麼」、「還有什麼」、「怎麼辦」，即「打破砂鍋問到底」。洞察就是變無意識的觀察為有意識的觀察。沒有洞察力就沒有批判力。

2. 批判：從疑問開始

示例 3-8　　《新人口論》：馬寅初的冒死呼籲

馬寅初

馬寅初先生是我國著名的經濟學家、教育家，是新中國成立後浙江大學第一任校長，1953 年至 1960 年期間為北京大學校長。

1953 年全國人口為 6 億，四年內淨增一億多。馬老被這個數字震驚了，他敏銳地意識到這是個大問題。正當 1957 年「反右」開始，他以《新人口論》在中央會議上不顧一切地大聲疾呼：「人口問題千萬大意不得。現在不努力，將來後悔莫及。」二十年的老友周恩來總理怕他被打成右派，勸他寫個檢查，他說：「吾愛吾友，吾更愛真理。為了國家和真理，應該檢討的不是我馬寅初！」又鄭重地寫了《重述我的請求》，嚴正聲明：「我對我的理論有相當的把握，不能不堅持，學術的尊嚴不能不維護。我雖年近八十，明知寡不敵眾，自當單槍匹馬出來應戰，直到戰死為止，絕不向專以力壓服不以理說服的批判者們投降！」因拒不認錯而被迫辭去北大校長職務，撤銷人大常委等一切職務，最後被軟禁在家。

（資料來源：〈馬寅初：寧鳴而死，不默而生〉，

《南方人物週刊》，2011 年第 5 期）

在那個特殊時代，馬老為國為民冒死孤身作戰、鬥志彌堅、寵辱皆忘、拒不認錯，錚錚鐵骨是多麼難能可貴！直到十一屆三中全會後，他才得到徹底平反，1982 年以百歲高齡謝世。他那種唯科學是從、唯國運頓首的偉大精神已成為中華民族的寶貴財富，流傳後世。軟禁一個馬寅初，中國又多生出了相當於兩個半美國的人口數量，這就是不尊重科學的結果。

💡 **思考活動 3-4**

　　請用批判思維，談談你對以下語句的看法：「頭懸樑，錐刺骨」、「愚公移山」、「孔融讓梨」、「先讓一部分人富起來」、「槍桿子裡面出政權」。請把你的想法寫在下面。

_____

_____

_____

_____

_____

（二）想像與首創：進入超級創新

　　好奇心與想像力，是創新的基本條件，也是人人皆有的天賦。好奇心會把你帶進開天闢地的首創行列；而想像是指在既有形象的基礎上，經過改造、重組、聯合而創造出的新的形象思維活動。

1. 瘋狂聯想：造就偉大的發現

　　牛頓從自然界最常見的蘋果落地，聯想到引力，又從引力聯繫到品質、速度、空間距離等因素，進而推導出力學三大定律；阿基米德從人跳進洗澡池時水溢出來這一現象，聯想到比重和浮力，提出了阿基米德原理；愛因斯坦從偶然看到的事物不連續性聯想到量子，從運動、品質、引力聯想到時空彎曲，這就是相對論……。

　　翻翻科技發明史便知，很多看似風馬牛不相及的聯想，成就了很多科學家和發明家，如由飛鳥聯想到發明飛機，由魚在水中潛泳聯想到發明潛水艇，由「耳」的結構聯想到發明電話，由蒲公英種子在空中飄落聯想到發明降落傘，由狗鼻子聯想到發明電子狗鼻等。想像的內容和層次是人才及天才有別於普通人的標誌。

2.「靈感」：超級想像

　　愛因斯坦說：「一天晚上躺在床上，對於那個折磨人的謎，心裡沒有一線光明。突然靈感的出現，令我抓住契機，連續工作五個星期，終於寫出了《論動體的電動力學》的光輝論文。」

　　這就是靈感，它來去無蹤、獨來獨往，既不受意志左右，也不受時空限制，有時會「踏破鐵鞋無覓處，得來全不費工夫」。所以，靈感是一種超級想像，具有突發性、瞬息性、獨特性。

　　靈感使多少有思想的人茅塞頓開，又使多少文人墨客拾來佳句；使多少軍事家獻出了奇謀，又使多少科學家獲得了重大的發現和發明等。總之，筆錄千秋，舉不勝舉。

　　靈感蜂擁而來的時機是：清晨臥床沉思時，聽音樂身心放鬆時，流覽書報、廣告時，坐車或坐馬桶時等。我們必須立刻抓住它，記下來，那可能就是光輝的開始。

■ 四、超常的績效：管理＋方法＝成就

　　這是一個以績效論英雄的時代，績效是衡量人才卓越層次的唯一標準。

　　什麼是績效？不同領域甚至不同的人，對績效有不同的界定。

　　簡單地說，績效＝業績＋效率。一般而言，業績是指有多少貢獻或成就；效率是指單位時間完成的工作量，或勞動的效果與勞動量的比率。決定績效的關鍵問題是效能＋方法，那麼如何培養超常的績效（即非凡的成就）呢？

（一）績效：就是生產力

　　真正的天才，在於敢於行動。從來就沒有只想而不做的天才。愛迪生一生擁有數千個發明。他總是在動手能力上保持著應有的激情。

　　天才的一個突出特點就是具有無限的創造力及超人的績效。愛迪生擁有1,093項專利，這個紀錄迄今無人打破。他給自己和助手確立了提出新想法的定額，以此來保證創造力和績效。他的個人定額是每十天一項小發明，每半年一

項大發明。巴赫每星期都要創作一首大合唱，即使在他生病或疲倦時也不例外。莫札特一生中創作了六百多首樂曲。愛因斯坦最著名的作品是關於相對論的論文，但他還發表了另外 248 篇論文。

　　超常的績效來自好管理，如：一是管住今天，把握現在。二是要知道在最短時間內完成最大的工作量，即效率原則。三是要有所為和有所不為，即要分清輕重緩急、先後次序，如：重要而緊急的事、重要而不緊急的事、不重要而緊急的事、不重要不緊急的事。所謂重要不重要，取決於自己的衡量標準，即離自己目標的距離。只有明確了自己的目標，才能確定先後次序。

1. 效能與效率：做正確的事與正確做事

　　管理學大師彼得・杜拉克說：「效率是『以正確的方式做事』，而效能則是『做正確的事』。效率和效能不應偏廢……但在效率和效能無法兼得時，我們首先應著眼於效能，然後再設法提高效率。」（謝文輝，2006）也就是說，首先是堅持做正確的事（重要而緊急的事），然後才是正確做事（重要而不緊急的事）。

2. 效率原則：有效利用時間的最佳方法

　　首先管好自己的時間，時間不能買賣和保存，它對每個人都是公平的。所以，一個人如果不會管理時間，其他素質再高，都將是空的。

　　如何有效地利用時間呢？

　　其一，制訂時間計畫。不拖拉、不盲亂、不陷於「找東西」或事務性之中。

　　其二，在事情千頭萬緒中要抓住高峰期（最忙期）做最重要的事。

　　其三，做「必做的事」，不做「想做的事」，分清輕重緩急。

　　其四，善用「零碎時間」，如等車及閒暇時間背外語單詞、給朋友發簡訊等。

　　其五，為避免忙亂，先做離目標近的事。

3.創新結果：重於一切

結果重於過程，結果重於原則，結果重於苦勞，結果比什麼都重要。市場經濟只認功勞（結果），不認苦勞（過程）。但為了有好的結果，我們必須懂得「有所為，必有所不為」，懂得在自己的能力範圍內做重要的事。

💡 **思考活動 3-5**

這是法國報紙舉辦過的一次有獎智力競賽題目：如果法國最大的博物館羅浮宮失火了，情況緊急，要求一人搶救出一幅名畫，你會搶救哪一幅？請把答案寫在下面。

_____

_____

_____

_____

該互動是為了讓人體驗結果的重要性。最後該報收到了成千上萬個答案。有的說搶救最有價值的，有的說搶救自己最喜歡的……很多人沒想到的是，「我搶救離出口最近的那幅」獲獎了。為什麼呢？因為我們要的就是結果！結果比原則重萬倍！這是市場經濟的法則。

4.卓越的習慣：決定成敗與領先

卓越的習慣是一種解決難題的創造力，也是一種傑出的領導才能，可以透過訓練，把傑出人才的品行遷移到他人身上（詳見第四章）。

（二）好方法：至關重要

縱觀歷史，兵聖孫子，率軍攻敵，戰無不勝。憑什麼？兵法！

縱觀天下各行各業、各種工作，其輸贏勝敗，均在一個「道」上，即方法。

縱觀諸多企業巨頭的發跡史，一個個大智大勇的「點子」（方法），是他

們得勝的通行證。「世上沒有解決不了的問題，只有對問題束手無策的人。」

方法是走出一切困境、挫折的唯一出路，只有方法，才能駕馭生命之舟。

1. 好方法勝過勤奮、敬業、機遇等

有人曾問高爾夫球高手：「我是不是要多練習？」高爾夫球高手回答說：「不，如果你不先把揮桿要領掌握好，再多的練習也沒用。」可見方法的重要性。面對難關，除了找到解決問題的最佳方法外，別無出路。

示例 3-9　**無聲的征服**

北京通縣九州床具廠剛成立時，恰逢家具展銷，可謂天賜良機，於是廠長便急忙籌款報名，占據了展廳最佳位置。沒想到，開展那天展覽主辦人冷冷地說：「九州沒名氣，趕快撤到旮旯裡去，不撤就取消資格。」廠長很不服氣，急中生智，把嶄新的席夢思床墊當地毯鋪在了大廳走道，並在旁邊寫了塊牌子：「踩壞一根簧，送你十套床。」熙熙攘攘的顧客，大皮鞋、高跟鞋，整整踩了八天，硬是沒人領走一張床。九州首展榮獲優秀產品信譽獎，從此名聲大振，銷路大開。

（資料來源：〈踩出的名牌〉，《內蒙古品質技術監督》，1996 年第 3 期）

用無聲的廣告征服顧客，這是何等聰明的辦法呀！

2. 思路決定出路：銳意創新找方法

思路決定成敗。思路正確打勝仗，思路錯誤打敗仗，沒有思路打亂仗。

示例 3-10　**不找任何藉口：成功者的通行證**

某天線公司行銷困難，總裁召集大家集思廣益。行銷部李部長說：「咱們的廣告和知名度都比不過人家，加之全國都在普及有線電視，天線滯銷

是大環境，很夠嗆。」其他人也隨聲附和。此時老劉說：「我看本公司主要是行銷策略和市場定位不對。」「你別唱高調，公司在甘肅還有 5,000 套庫存，有本事你推銷出去，我把位置讓給你。」在李部長的激將下，老劉風塵僕僕地到了甘肅，跑遍了蘭州的幾個大商場，但毫無建樹。沮喪之際他在報上看到一則「讀者來信」，說農場因曾被雷擊，彩電成了擺設……老劉驚喜地帶上天線樣品考察去了。了解得知，天線有問題，他經研究後發現：因天線放大器的積體電路板上少了一個電感應元件，該元件本身對訊號放大無任何作用，但在雷電多發區，沒有它等於使天線成了引雷裝置，直接導致機器受損。一切迎刃而解了，一個月後老劉凱旋。

（資料來源：賀淑曼，2009）

　　在問題面前，沒有退路，只有決一死戰，才能取得最後勝利。這就是傑出者與平庸者的區別。

　　古今中外的傑出人才皆具備以上四個特質，但具備以上四個特質者，不一定人人都能成為傑出人才，因為人品、道德以及做人處事等是成就英才的決定因素（詳見第四章）；反之若不具備以上四個特質，只有人品、道德以及做人處事等，只能算是一個好人，一個聽話的工具。以上素質必須透過教育，將它們遷移到孩子身上，並把它們變成卓越的習慣，方能培育出英才。

■ 五、非凡的領跑力：特質＋決策力＋執行力

　　在這個競爭白熱化的世界裡，每個領域都有非凡的領跑者，他憑著傑出人才的四大特質，和英明的決策力及高效的執行力，率領團隊飛跑。

（一）英明的決策力：團隊發展的命脈

　　英明的決策能使團隊起死回生，錯誤的決策能使團隊瀕於破產。因此決策力是團隊的命脈。

示例 3-11 費爾的偉大決策

美國貝爾電話公司總裁費爾，創造了一個前所未有的世界上最大規模的電話民營企業。要知道，至今在全世界除了美國承認（包括美國和加拿大的魁北克和安大略兩省）外，所有國家的電話系統均由政府經營，如此難度的大事，其由來就是費爾面對市場需求，提出了四大決策：

一是，費爾看清了一個民營的電話公司如能不被政府收歸國營的最好理由是照顧社會大眾利益。為此他提出「本公司以服務為目的」的口號。

二是，費爾認為一個全國性的電訊事業，絕不能以「自由企業」無拘無束的經營。只有把「公眾管制」作為貝爾公司的目標。才能確保興旺發達。

三是，為確保電訊工業技術日新月異，費爾替公司建立了最成功的貝爾研究所，這是企業最大的競爭力。

四是，費爾認為，為確保貝爾公司民營形態的生存，必須籌措大量資金。故費爾發行了一種美國電話電報公司普通股份，直到今天仍然是美國和加拿大中產階級的投資對象，也使貝爾公司獲得了大量資金。

（資料來源：取自百度「十五位企業家經典決策案例」，2014 年 9 月 3 日）

---

1. 「不決策」與陷阱。「不決策」的原則常指：沒有經過詳細調查、諮詢、論證及充分徵求各方面的同意而不做決策。決策的常見陷阱有：貿然出擊、自信自負、眼光短淺、經驗誤區、框架缺陷、審核失敗。

2. 決策的基本步驟是：發現問題，確定目標，分析條件，擬定方案，綜合評估，擇優方案，局部試驗，完善決策。

3. 決策的基本原則是：決策方案必須是實事求是的及可行的。決策方案是優化的、前瞻的、有遠見性的。它體現了現代管理精神。

（二）高效的執行力：團隊的戰鬥力和凝聚力

決策再科學，如果得不到執行等於空談。

執行力，對個人而言就是辦事能力；對團隊而言就是戰鬥力，對企業來說就是經營能力，就是在預定的時間內完成的戰略目標。可以說，沒有執行力，就沒有競爭力和凝聚力，也就沒有生存和發展。

1. 執行不力的障礙有哪些？

筆者認為，導致執行不力的障礙主要有以下三個方面。

(1) 被動執行：態度問題。在執行過程中，「不作為」、「混日子」，或者「怕」字當頭，碰到問題繞道走，保持「中庸」之道。

(2) 沒思路沒辦法：能力問題。沒有發現問題、分析問題、解決問題的能力。尚缺少責任感，這種人應讓位給有能力者。

(3) 私心第一：品德問題。遇有利可圖的就執行，無利可圖的就不執行，或「任性」執行，這是無視整體發展大局的不道德行為，應採取措施。

2. 如何提高執行力呢？

筆者認為，以下辦法可供提高執行力的參考。

(1) 統一價值觀念。一個團隊的價值觀不統一，無從來談凝聚力。只有價值觀一致，員工才能以企業為榮，並充滿自信和快樂的將執行力進行到底。

(2) 明確目標與信念。目標就是我們去哪裡，信念就是堅信我們的方向。這是執行者和團隊得以發展的方向和動力所在，否則，將會在市場的大潮中成為泥沙被淘汰出局。

(3) 細化執行方案。就是解決達到目標的方法。必須要配備執行工作的標準和規範，要保證員工做正確的事，並正確的做事。

(4) 強制性的執行。就是要去做。如果不做，一切為零。而且要建立檢查體系，如目標體系書、工作計畫達成表、月度績效考核表，以及過程品質控制表等工具行使監督職能。要求員工按照既定的流程和標準去做好工作中的每一項細節工作。

(5) 嚴格考核的「三公」原則。企業要體現公開、公正、公平的「三公」原則。考核制度、激勵制度是規範行為，激勵戰鬥力的有效手段。

因篇幅有限不再舉例說明。

（三）如何培養孩子的決策力與執行力

筆者認為，有以下幾點供參考。

1. 有意識訓練。在平時的生活、學習中，讓孩子有意識自己拿主意，自己決定如何去做，自己勇於承擔選擇後的後果，慢慢去創造使用決策能力的場景。

2. 找回自信。自信是人生的力量！是每個孩子心中的火種，讓孩子在成功中找回自信，日積月累，就敢於決策，敢於在執行中承擔責任。

3. 學會反思。讓孩子從一些正在做或者已經做完的事情中多想想哪些事情做得不理想？如何可以做得更好？有哪些事情下次可以避免？慢慢的，自己的主見就會變多，決策力和執行力就會在反思中成長。

參、階段教育：不同年齡層的施教

教育應像農業，它不僅需要「順天時，量地利」，還需要水土、陽光及精耕細作等等，這是千百年來農民皆知的道理。

教育的對象是活生生的人，需要根據不同年齡層的心理需求，按需施教。

■ 一、中學以下：因人施教，開發潛能

孩童是一個有生存權和發展權的人，是一個有尊嚴和有個性的人（雖然個性還不太穩定），是一個關係到人類未來發展的人！因此必須「因人施教、開發潛能」。這不僅是一種兒童發展觀，同時也是一種未來人才的教育觀，它關係著英才教育的品質。

（一）因人施教：在教育公平中快樂成長

通俗一點說，教育公平就是讓飯量大和飯量小的人都能吃飽、吃好。這是每個孩子快樂成長的最基本條件。

1. 早期教育：切莫撿了芝麻丟了西瓜

很多家長為了「不讓孩子輸在起跑點上」，在孩子還不會穿衣、繫鞋帶時就會認字、數數兒、背唐詩等，還不會自我保護、還沒有基本的社會生活常識，先學奧林匹克數學、外語、出國遊學等。只關心「作業」和「分數」，為了超前撿芝麻，丟了學做社會人的大西瓜。

看看那些獲諾貝爾獎最多的世界已開發國家的幼兒和小學生吧：

美國幼兒不教識字和算數，讓孩子從小參加各種比賽，激發孩子與強者抗衡的勇氣信心、承受挫折的能力、自強不息的意識和超越自我的精神；也培養人際交往能力，對自己的行為和選擇要負責任。

德國從幼稚園到小學，孩子的第一要務是玩得開心。只教一些基本的常識，比如不大聲說話、不許暴力等。再者就是動手的能力。嚴格來講，德國教育從中學才開始，首先教學生思考，接下來才給學生講框架性的知識。

英國小學生守則的內容是：平安成長比成功更重要；生命第一，財產第二，遇到危險可以打破玻璃、破壞家具、自己逃生；背心、褲衩覆蓋的地方不許別人摸；拒絕陌生人給的飲料、糖果；不與陌生人說話；對壞人要保守秘密、可以騙；小秘密要告訴媽媽……。

可見，他們的早期教育都不是開發智力，而是社會化教育（學做社會人的常識）。他們的諾貝爾獎獲獎率均排前列。

2. 興趣、鼓勵、成就感：孩子快樂成長的要素

教育的主要任務是幫助孩子尋找自己的興趣，並在多種興趣間找到穩定而長久的興趣，最終讓每個學生鮮亮的個性得到彰顯及成功。

> **示例 3-12　差生變天才：無奈與快樂奮鬥**
>
> 　　《東方早報》中題為〈國內差生出國變天才其父質疑中國教育體制〉的文章指出：1998 年，王楠子是上海某中學初二學生，因上課愛搭腔、愛開玩笑，下課愛踢足球，「經常闖禍」。學習成績退步，班幹部也被撤了，成了經常被老師「重點關照」的標準差生。後來他乾脆不學了。家長心急如焚，無奈讓他赴美讀書。八年後，王楠子成了全美動畫比賽個人組冠軍，並被老師表揚「是個天才」。同樣一個人，為何在中國是標準差生，到了美國，卻成了天才了呢？
>
> 　　王楠子認為，在美國，學校氛圍和老師對學生的態度，使他過去那些致命缺點反而受到了鼓勵。最突出的是，有一次，他當堂糾正中學老師的一個錯誤，沒想到，老師當場就說：「你真是個天才。」「太受鼓舞了！」同時，拉小提琴、踢足球等技能使他立刻就受到重視，並加入了管弦樂團。王楠子曾在費城藝術學院屢獲獎學金，在 SAYTEK 全美動畫比賽中獲得個人組冠軍。透過在動畫領域的開拓，他早已貸款買了一幢三層小樓。
>
> 　　（資料來源：http://www.sina.com.cn，2006 年 9 月 26 日）

　　該案例告訴我們，興趣、鼓勵及成就感是孩子快樂成長的要素。但像王楠子這樣的學生在中國絕非特例，他們已經厭學了……

3. 讓更多兒童超常發展：教育價值的追求

　　英才教育相信「每個孩子都有可能成為英才」，因此在基礎教育階段，英才教育是針對普通兒童開發潛能的高素養教育，這是實現更多孩子超常發展的最好途徑，是教育價值的真正追求，也是對教育藝術的探究。具體做法是：選拔最好的老師、普及小班教育（30 人左右或 30 人以內）的精心教學（最好一對一）。精心教學可分課堂教育、課外教育及團體活動三種教育模式。

- 課堂教育：面對智慧不同的孩子，控制教學難度，設計一些動態的分層分類的學習活動，同時組織好合作學習，最大限度地滿足學生的差異需

求，要讓不同層次的學生都有成就感。

- 指導語要求：要使用與情境相適應的積極、鼓勵的言語。
- 課外教育：指導學生參加各種興趣小組，如：體、音、美、環保、工藝、科技發明等。鼓勵學生自己組織社團舉辦旅遊、辯論、娛樂等活動，提升社會化水準、情感、人際溝通與組織領導能力等，逐步顯現傑出人才的特徵。

（二）開發潛能：小學和中學的「童子功」

所謂因人施教，就是尊重兒童的天性，尊重兒童的發展，讓基礎教育從粗放的「大田作業」回歸到「精耕細作」上，相信每個孩子都是發展的天才，天才是可以訓練的。

1. 養成卓越的習慣：第一童子功

小學和中學階段是性格形成的關鍵期，故把傑出人才的卓越品質種在孩子心裡，這不僅是成就英才的必備條件，也是培養領導才能的基本要素。它有益於孩子終生的發展。

2. 批判性閱讀與聆聽：第二童子功

閱讀和聆聽是獲得資訊、知識的重要手段。它是英才自我教育的過程，也是未來創造力形成的基礎。

示例 3-13　重新解讀：「孔融讓梨」

「孔融讓梨」是中國千百年來廣泛流傳的道德教育故事：父親拿了一盤大小不等的梨，讓 4 歲的孔融分給家人吃，他把大梨分給了長輩、哥哥和弟弟，把小梨留給了自己，父親讚許地問：「弟弟比你小，為什麼梨比你的大呢？」孔融說：「因為弟弟比我小，所以我應該讓著他。」

你是怎麼看待這個故事的？比如：孔融的父親為什麼讓孔融分梨而不

讓哥哥和弟弟去分？你喜歡孔融的父親嗎？孔融如此分法公平嗎？為什麼？你喜歡孔融這種做事的方式嗎？

3. 學會想像思維：第三童子功

　　想像力是一種發散思維，沒有想像力就沒有創新。孩子是想像的天才，但孩子的想像力需要激發和引導。以下是北京 3e 國際學校三年級老師與學生沈歡歡（8 歲，來自美國）的中文故事接龍。

　　示例 3-14　**神秘的怪獸**

　　歡歡：淘氣包姓淘，非常淘氣。老大叫「淘氣‧巴林‧艾賽爾‧巴西‧淘氣包」（男，9 歲），老二叫「淘氣‧巴林‧那卡‧巴西‧淘氣包」（女，7 歲）。都上三年級。他們的名字都有巴西二字，因為爸爸叫巴西，而且他們很喜歡爸爸。

　　老師：一天，那卡在院子裡的水井邊發現了一隻背著淡紫色殼的胖蝸牛。

　　歡歡：這蝸牛非常奇特，長著軟綿綿的臉，圓形的殼，非常古怪的樣子。那卡發現，突然從蝸牛身上發射了一束神奇的光芒。

　　老師：當這光芒照在那卡身上的時候，那卡發現自己的身體裡充滿了泡泡。最後，她竟然飛了起來。

　　歡歡：突然，奇怪的事情發生了。蝸牛一會兒變成大型的動物，一會兒變成白白胖胖的大肥豬，一會兒又變成漂亮的歌手，一會兒蝸牛又變成了一個白白胖胖的、強壯高大的、有著低低聲音的、會飛的怪獸。

　　此文約四千字，僅節錄開頭部分。我們能夠感受到，透過老師的引導，孩子的想像空間在逐步拓展……（此乃筆者孫女的作業）。

4. 創新意識培養：第四童子功

針對6到12歲的小學生，鼓勵他們把家中廢品帶進課堂，拆解後重新組裝成新東西；同時讓其思考還能做成什麼以前沒有的東西，促使他們動手動腦、突破常規，激發其創新意識和靈感。這種「靈感教育」應予普及，鼓勵學生尋找現實生活中的需求，將創意變成產品，並組織家長參與孩子「產品」的模擬「拍賣」活動，以幫助孩子們獲得成就感。

■ 二、高中及大學：因材施教，揚長補需

高中及大學階段的學生，興趣、能力和性格等比較穩定了，因此可以參加選拔，選拔的方法最好是以傑出人才的五大特質為主（此量表正在研製），進入大學更是可以根據自己的喜好選擇主修。這時因材施教，揚長補需更適宜。

（一）因材施教：教師與學生均適宜

蔡元培先生主張對「特別的」和「天才的」學生，都分別「施以特別的教練」，這就是因材施教原則的具體體現。

1. 教師：因材施教的主導

在學校，經常出現這樣的情況：兩個教師使用同樣教材、教授同樣水準的班級，其教學活動及效果往往大不相同。這不僅是因為兩位教師的知識、技能、素質、教齡、性別等差異，還因其個人的興趣、性格、氣質、習慣、理想等諸多方面的不同所致。所以，作為一名教師，我們既要從學生的個別差異和實際情況出發，又要根據自身的特點進行教學，選擇最適合自己和學生的教學方法。

2. 學生：「因材施教」的核心

不同時代、不同地區、不同經濟水準和文明程度、不同學校、不同班級、不同素質（老師和學生）、不同教材、不同課程標準……，總之，諸多不一樣。所以，我們就要與時俱進地、全面地以多元因素去理解因材施教。即，因時施

教、因地施教、因校施教、因班施教、因生施教、因師施教、因材（教材）施教、因（課）標施教，以及「順應自然、因勢利導」。這就是「因材施教」的最好解釋！

3. 多向度評價學生：「為了每一個學生的發展」

教師的教育教學必須針對全體學生，讓「教—學」對全體學生都具有吸引力，尤其對「特殊生」及「學習困難生」，如：對觀察力薄弱、感性經驗少的學生；對粗心大意的學生；對反應遲鈍的學生；對學習不夠勤奮的學生；對語言不準確的學生；對注意力不集中的學生；對視聽不好的學生；對信心不足、缺乏毅力的學生等。教師應堅持正面激勵，淡化分數，注重過程，多向度評價學生。

> 示例 3-15　**因材施教：錢偉長的成長**
>
> 著名力學家、數學家錢偉長，在〈恩師助我擇專業〉這篇自述詳細地記敘了吳有訓教授怎樣「不斷地給我指導」，告訴「我」學物理和學中文的區別，在課堂上應該怎樣記筆記，課後怎樣看有關的參考書，甚至「為減輕我讀英文的困難，給我一本某校的中譯本講義，便於查閱」，「以後還經常給我具體指導，使我從死記硬背改進到掌握學習的科學方法，培養了有效的自學能力，逐步提高了學習成績」。終於讓錢偉長從入學成績比別人少了一百多分、開學後一連七個星期課堂測驗不及格，順利地完成第一學期的學習，四年後以優異的成績畢業。
>
> （資料來源：http://www.docin.com/P-503476416.html）

這種因材施教的成功事例，在中外教育史上比比皆是。所以，必須重新認識因材施教原則的科學性和合理性，讓我們的教育為民族振興而騰飛。

（二）揚長補需：適應社會發展

為適應社會發展的需求，避免日後遭遇「懷才不遇」等諸多發展障礙，「揚長補需」是大學教育必須重視的問題。

1. 失去夢想：英才泯滅

教育如果把目標定在升學率、學位、職務（職稱）等徒有虛名的位置上，是可怕的短視行為。因為評價人才的最終標準是對社會做出傑出貢獻的大小。

> **示例 3-16　於無聲處的悄變：失去夢想的麻木**
>
> 　　筆者有一學生，14 歲以優異成績考上了大學少年班，18 歲又以優異成績考取了美國耶魯大學，博士畢業後就職於美國某中等企業，接著買車、結婚、生子、買房，過著中產階級的生活。有一次我到美國去，他熱情地接待了我，我想起了他出國前雄心勃勃地對我說：「我之所以選擇高分子化學，是覺得這方面好拿諾貝爾獎。」於是我關心而又好奇地問：「今後有何打算？」「就這麼過不是挺好嗎？」他說，「老師，您要學會享受生活……」然後不停地說，他們如何度假，還有哪些地方沒去玩過等，一字不提諾貝爾獎的夢了。

其實很多報考少年班的學生，都曾雄心勃勃地想當科學家等，甚至都曾有一個獲得諾貝爾獎的夢想。出國後滿足於安逸生活的學生確實很多，他們的夢想為何如此脆弱？這難道不值得我們進行教育反思嗎？主要原因在於，教育沒有把夢想（使命感）真正種在學生心裡，使其成為他終生奮鬥的動力。

2. 文理分班：造就有技術無良知的一代

人文思想、人文方法、人文精神是人類文化或文明的真諦所在。所謂人文素養，即人性修養或人生境界。人文知識不是人文素質，必須讓知識滲透到他

的生活與行為之中，才能稱之為素養。

　　人類正面臨著諸多前所未有的天災人禍，所以當今的教育是「與災難賽跑的教育」，即要趕在災難尚未毀滅人類之前，把應對這種災難的一代新人培養出來。而中國教育卻正在培育著「絕對的、精緻的利己主義者」。這是多麼可怕而危險的事情！

　　從高二開始的文理分科制度，使科技英才學生人文素養缺失，純屬急功近利的應試教育，是當今「中國教育的毒瘤」，是科技英才學生的災難，教育改革應從此開始。

　　由於缺少人文精神的薰陶，如今很多科技英才學生，邏輯思維強，形象思維弱；專業技術強，文字表達能力弱；學識廣泛，藝術欣賞力弱；競爭力強，創新與為人處世弱……他們在考入大學後，失去了目標和動力。英才學生價值困惑的實質是理想信念的疑惑、道德價值的滑落與存在意義的迷失。

　　發現問題是自然科學的一大使命，人文素質能為之帶來所需的直覺、靈感和想像力。在當今的教育環境下，他們很有可能成為有知識、沒文化，有技術、沒良知的一代沒有人文關懷和素養的人。

3. 大學英才教育：「以用為本」

　　我們投入了大量人力、財力，十多年培養的大學生、研究生為什麼失業？大學究竟追求的是什麼？是發了多少文憑？戴了多少研究生帽子？而從來不管培養了多少「啃老族」？也很少論及大學培養了多少社會精英，離開了「以用為本」的原則，也就離開了大學的價值。

■ 三、進入社會：因需受教，繼續創新

　　在網際網路時代，人人都要面對生存與被淘汰的挑戰。隨著繼續教育的普及，人人都需要終身學習、終身接受教育。只要付出努力、敢於追求卓越，就沒有年齡的限制，任何年齡都可以成就夢想，成為傑出人才。

（一）更新學習理念：自我升值的關鍵

一般科技人員一生工作時間按平均 40 至 45 年計算，其有用的知識只有 10%
至 20% 是在學校學到的，其餘 80% 至 90% 則是靠在職場工作或再次回到學校學
習培訓獲得。時代迫使我們必須更新學習理念，轉換學習方法，不斷地接受新
思想、新科技和新教育，如此才能使個人和社會持續發展。所以，受教育不是
「一陣子」的事，而是「一輩子」的事。

1.「人才折舊」：職場競爭

在當今世界，那種擁有一種知識或技能就可以終身享用的觀念已經過時，
教育不再是單純地獲得知識，而在於促進個人的發展。人才，作為知識經濟的
知識承載體，是不可或缺的無形資產，而這種資產與固定資產同樣存在著折舊
問題，即人才折舊。時代的挑戰一再告誡我們，人需要不斷地「充電」，才能
避免人才折舊，才能自我升值。

不管怎樣，當今由於知識快速再生，人才也必須快速再生。

2. 終身學習：防止人才折舊

面對不可抗拒的時光流逝，從來就沒什麼永遠的能人，特別是在這個節奏
超快且競爭慘烈的時代，再優秀的人才也會「折舊」。只有終身學習，不斷強
化自己的競爭力，將工作做到盡善盡美，才能適應社會不斷發展的需要。所以，
每個人必須強化自己的終身學習的意識，否則，發展將受到阻礙。積大成者，
必有最新的知識和創新。

（二）卓越的創新：自我生存的價值

青春、文憑和職位都不能吃一輩子了，職場人該如何應對呢？不管多大年
齡，只有創新思維和行為才能證明自我存在的價值。

示例 3-17　74 歲創業：從無期囚徒到大富豪

　　鳳凰衛視《魯豫有約》報導了吳勝明的傳奇人
生。她生於 1932 年，1980 年代，她不到 50 歲，身家
2,000 萬人民幣，家庭幸福美滿；後因倒賣（低價買
進，高價賣出）進口車，52 歲被判無期徒刑，成了階
下囚。入獄後，丈夫背叛，女兒絕望地喝農藥自殺

吳勝明

了，遺書上寫道：「盡量去做點對社會有益的事情吧。您可以收留那些寄
人籬下的、無家可歸的孩子或老人，假如您不答應，我是不會瞑目的……」
女兒的話，深深打動了她，給了她活下去的勇氣。經過 8 次減刑，2003 年，
71 歲的她終於走出高牆，後來在貧民區裡打掃廁所。懷著對女兒的愧疚，
三年後，74 歲的她再次白手起家。現在她擁有楊凌紅陽果業科技開發有限
責任公司、吳媽媽興農科技發展有限公司、楊凌保健雞種雞場、吳媽媽連
鎖聊吧、飯莊等。她最新運作的項目是引資在楊凌園區建一個生態園，集
旅遊、觀光、種植為一體的當地生態農業開發新亮點。

（資料來源：鳳凰衛視《魯豫有約》，2010 年 7 月 23 日）

　　該案例告訴我們，心態及信念的威力能夠創造人間奇蹟。與吳勝明相比，
你還等什麼呢？趕快「揚長補需」吧，打造一個神奇的自我。

　　社會向高齡化邁進，老年人愈來愈多，社會負擔愈來愈重，把包袱轉化為
能量的唯一辦法就是讓老年人老有所成。請看有關老年人們卓有成就的事例：

　　82 歲，歌德完成了名著《浮士德》的第二部；俄國作家托爾斯泰寫了小說
《我不能沉默》。

　　85 歲，我國宋代詩人陸游寫了著名詩篇《示兒》。

　　86 歲，中國著名畫家劉海粟獲義大利國家藝術學院金質獎。

　　90 歲，萊昂尼德・赫維奇於 2007 年以 90 歲高齡榮獲諾貝爾經濟學獎。

　　93 歲，英國劇作家蕭伯納寫了劇本《牽強附會的寓言》

　　（以上見 http://blog.sina.com.cn/s/blog_4d2bd8b10100... 2013-3-13）。

95 歲，物理化學家張存浩於 2013 年獲國家最高科學技術獎（最高年齡）。

100 歲，中國隋唐醫學家孫思邈完成 30 卷醫學巨著《千金翼方》

（以上見 http://blog.sina.com.cn/s/blog_883c84200100... 2011-10-28）。

美國人本主義心理學家馬斯洛曾經說過，如果一個人已達到的水準不及他能達到的水準，他就會覺得不幸。因此，追求卓越沒有年齡界限，這是每一個有抱負的人終生奮鬥的目標。

本章摘要

本章概述了：英才應具備的人性魅力和傑出人才的五大基本特質，並利用心理學的方法，透過階段教育種在孩子心裡。

本章語錄

- 誠信就是誠實守信、一諾千金；誠信是為人之道、立身處事之本；漂亮的承諾或大話，若成了坑蒙拐騙的外衣，人就和無恥禽獸沒有兩樣。

- 所謂的使命感就是方向感，它是理想、信念、目標、價值觀、危機感、緊迫感等的綜合，也是一定時代和社會賦予每個人的責任和自我感知的認同。

- 許多人最終沒有成功，不是因為他們智慧不夠、誠心不足或者沒有對成功的熱望等，而是缺乏足夠的耐心。他們往往虎頭蛇尾、有始無終。凡是能成大事者，必有足夠的耐心、持之以恆的努力和等待。

- 沒有疑問就沒有批判，也就沒有獨立思考。故質疑是獨立思考的開端，也是英才與奴才的區別。

- 這是一個以績效論英雄的時代，績效是衡量人才卓越層次的唯一標準。

- 方法是走出一切困境、挫折的唯一出路。只有方法，才能駕馭生命之舟。

- 通俗一點說，教育公平就是讓飯量大和飯量小的人都能吃飽、吃好。這是每個孩子快樂成長的最基本條件。

- 教育的主要任務是幫助孩子尋找自己的興趣，並在多種興趣間找到穩定而長久的興趣，最終讓每個學生鮮亮的個性得到彰顯及成功。
- 發現問題是自然科學的一大使命，人文素質能為之帶來所需的直覺、靈感和想像力。在當今的教育環境下，他們很有可能成為有知識、沒文化，有技術、沒良知的一代沒有人文關懷和素養的人。
- 時代的挑戰一再告誡我們，人需要不斷地「充電」，才能避免人才折舊，才能自我升值。

請您深思

1. 《重點中學》一書中問道：「素質來，素質去，學生們耽誤的前途誰又賠得起呢？」你對這個不能原諒的問題，有何想法？
2. 要打造一個「無信不立」的時代，需要人人行動。請問：你有何樹立誠信的創意？如何擴大其影響？
3. 你認為本章提出的傑出人才的特徵能否透過教育遷移到學生身上？
4. 學習了本章後，你對英才教育有何新的理解？

Chapter **4**

再圓傑出夢——
打造魅力個性

在現實生活中，有些人很有才華，也有機遇，卻與成功擦肩而過；有些人看似平凡卻青雲直上；有些人在萬般磨難中崛起；有些人在激烈的競爭中敗退。這一切看似不公平，實際多半取決於個性。個性不是種種社會角色的總和，而是人的心理特徵的全貌，個性左右一個人的言行舉止乃至命運。雖然社會角色不能改變，但人的個性是可以改變的，而且每個人都擁有改變命運的主動權。

　　第一章我們論述了育英才要依據傑出人才的成長規律辦教育，即把傑出人才的五大特質從小種在孩子心裡。但好種子撒在不同的土壤裡，其結果不同。正如人生就像打撲克牌，發到的那手牌（種子）是定了的，能否把糟糕的牌打贏，是你個性的獨特經營。這就是說，對不同的土壤採取不同的措施，即根據不同年齡層的需求，實施優化個性的教育，當然還有老師的教與學及課程設置等措施了。

　　曾幾何時，在中國大地刮起了開發智力、「別讓孩子輸在起跑線上」等勁風，致使小學生的書包變成了拉桿箱，剝奪了孩子天真愛玩的童年……，其實早在 1970 年代美國心理學家就已告訴人們。

壹、個性：傑出的基石

示例 4-1 　成就大小：智商乎？性格乎？

　　美國心理學家特爾曼等人從 1921 年開始對 1,528 名智力超常的兒童進行了為期五十年的大規模追蹤研究，結果發現，這些智商在 140 以上的天才兒童長大後並非都是傑出人才。特爾曼等人對其中的 800 人進行了分析，其中卓有成就者僅占八分之一。他們進一步比較高成就一組與低成就一組之間的差異，結果發現，高成就一組的人在進取心、自信、堅韌等性格特徵上，明顯高於低成就一組的人。

（資料來源：呂渭源，1983）

　　該研究結果充分說明了，高智商不是取勝的唯一法寶，良好的性格品質是一個人取得成功的決定性條件。

■ 一、社會化與適應：個性形成的過程

社會化與適應即個性形成的過程，是做人與做事的發展前提，也是立足於社會與卓越成就的前提。

（一）社會化：人生真正的起跑線

所謂「社會化」，就是每個自然人（嬰兒）透過環境的刺激和學習而獲得做社會人的行為規範、社會角色和健康人格的過程，也是造就人生價值觀和知識結構的過程，它對個體的個性形成發揮了決定性作用。

> 示例 4-2　**小神童社會化缺失：立足社會的硬傷**
>
> 　　1978 年，中國科大招收了一位來自小學五年級、年僅 11 歲的少年大學生，他就是謝彥波。他繫著紅領巾、滾動著一隻大鐵環走進了大學。他在大學一路成績傲人。15 歲考入中科院理論物理研究所讀碩士，18 歲又跟隨中科院副院長周光召院士讀博士，轉而去美國普林斯頓大學讀博士，跟隨諾貝爾獎得主菲力浦·安德森教授學習。師徒二人都很傲氣。謝彥波與導師不睦，漸漸成為公開的秘密。他沒拿到博士學位就回國了。用同學的話說，謝彥波年齡小，自理能力差，自視甚高，尤其不懂如何與人交往。
>
> 　　干政（12 歲考入少年班）與謝彥波的軌跡驚人的相似：都是在普林斯頓大學學理論物理，都是與導師關係緊張，都是最後沒拿到博士文憑就回國了。

神童並非都難以立足社會。12 歲考入中國科大少年班學生張亞勤已成為世界級的傑出人才（這與他從小獨立生活有關）。但幾個 11 歲考入大學少年班的學生至今竟無一人成才的確是事實。諸多的小神童智力超常，自恃甚高，多半跳級，家長和老師忽視了他們為人處世和獨立生活能力的培養，加之媒體過多

地宣揚他們，讓他們飄飄然不知天高地厚，致使他們患上了「非智力因素缺失症候群」，擺不正自己的位置，從而導致個體人際關係緊張，乃至懷才不遇。

1.社會化：每個人的必修課

當今社會化教育缺失不僅體現在個別神童身上，普通大學生和成人也不例外。社會化不良的日常表現隨處可見，如說話傷人不在乎，見人不會打招呼；長輩站著他坐著，沒有讓位的意思；別人講話他插嘴，專提那壺不開的水；自我感覺常良好，他人感覺不知道；牢騷滿腹四處散，後果麻煩全不管……諸多社會化不良所造成的心理不健康，成為「不受歡迎的人」，失去機遇全然不知。

由此可知，社會化是每個社會成員終生的必修課，毫無疑問，這是人生輸贏的真正起跑線，也是成才先成人的問題。

2.社會化的優劣：誰的責任？

社會化最關鍵的過程就是性格形成的過程，當然它也是一個人終生不斷完善的過程。

社會化的主要內容有：生活知識和技能的社會化；行為規範、準則、禮貌、公德心及人際溝通的社會化；扮演角色的社會化。自我意識、意志、智慧、性格等都是社會化的產物。

社會化的優劣決定於主客觀兩種因素，客觀上如社會風氣，家長、老師、親朋的影響等。主觀原因是個體對優化自我的意識、修正認知的策略，以及調控自我言行，思考怎樣才能使自己與時俱進、怎樣使自己更優秀等。

（二）適應：謀求發展的智慧

當人們從一個習慣的舒適環境進入到一個陌生的環境時，就會不適應，即有危機感。當出國留學、學成回國、就業、轉業、失業、退休等面對的都是環境轉化的問題，適者生存、適者發展仍然是一個不可逆轉的法則。所以，適應將成為每個人隨時都要面對的普遍問題。

適應的前提是社會化；適應主要是環境適應和人際適應。

1. 面對新環境：適應的智慧或能力

心理學家皮亞傑指出，智慧的本質就是適應。古人也曾說：「識時務者為俊傑。」有適應才有發展，不論是從中國到外國，還是從南方到北方，還是從我家到他家，只要到了一個新環境，古往今來的傑出人才都是先適應環境而後才改造環境的。達爾文曾尖銳地指出：「物競天擇，適者生存。」人類必須以最大的努力去適應環境，否則生命將難以維持。

大多數人都想改變這個世界，很少有人想改變自己。柏拉圖告訴弟子自己能夠移山，弟子們於是紛紛請教方法。柏拉圖笑道：很簡單，山若不過來，我就過去。弟子們不禁啞然。因為世界上根本沒有什麼移山之術，同樣的道理，人不能改變環境，那麼就改變自己。

2. 人際適應：最根本的適應

想想看人的焦慮、困惑、不安、煩躁等心理問題有多少與人際關係無關？所以，人際關係的不適應是身心疾病的原因之一。但人際適應不是與惡人「同流合汙」，不是「隨波逐流」，不是「看破紅塵」，也不是以犧牲發展或導致精神疾病為代價的交換。那麼，人際適應是什麼呢？人際適應是一種性格成熟的較量，也是性格魅力的較量，它不是正面衝突，是一種正義的美與醜的較量，相信一個性格成熟的人、有性格魅力的人不會輕易地被同化。

「變」是永恆的真理，適應的問題不可避免地存在於我們的生命歷程中，而且無時不在。不論是環境適應還是人際關係的適應，都是一種被遺忘的智慧、能力和方法，是一種拚搏、磨練和洗禮。

■ 二、性格的核心：自我意識與品德意識

自我是個性或性格的核心。高揚主體、伸張自我一直是人類的情結。自我意識和品德意識是做人與做事的核心問題，我們必須緊緊抓住它們。

（一）自我意識：心中的「上帝」

自我意識包括個體對自身的意識和對自身與周圍世界（含他人）關係的意識兩個方面，包括自我觀察、自我體驗、自我評價、自我監督、自我控制和自我教育等形式。如果一個人的自我意識發生障礙，他的想法就會變得模糊，行為就會變得荒唐、失控，整天處在渾渾噩噩之中，不知所措。所以，自我意識是每個人心中的「上帝」，是言行舉止的「司令部」。

一個人心理的成熟與個性品質的形成，也就是自我意識分化與統一的過程。16 至 20 歲是學生迅速走向成熟而又未成熟，正是理想與現實、獨立與依附、交往與封閉、自尊與自卑、上進與消沉等發生矛盾和衝突的時候，少年大學生會提前面對這些衝突。此時學生內心出現了極度的焦慮和痛苦，他們常常反問自己：我為什麼會成為現在這樣？我為什麼總對未來迷惑？這種自我衝突，因個人認知的不同而結果不同。

1. 自我肯定：自我意識的積極統一

很多人都能在比較、分析、反省後出現轉變，形成新的自我意識，從而不斷發展。

示例 4-3　**面對新的排隊：在「掙扎」中自救**

李某，男，14 歲半，考入某大學少年班。他曾是全鎮遠近聞名的「神童」，在中學穩拿「第一」。進入少年班後，有同學稱他是「李半仙」，因為早起床晚入睡都見不到他，踢足球、打橋牌、下圍棋等也從來見不到他。我急忙找到他問情況，他很難為情地說：「老師放心吧，我會照顧自己……」原來期中考試，他幾門課都是 60 多分。一學期過去了，寒假別人都回家了，他一個人在宿舍裡。「為什麼不回去過年？」我問他。「唉，無臉見江東父老！」過了好一陣他才唉聲嘆氣地說。

　　少年大學生在 10 至 16 歲就要面對強手林立的、比自己大 2 至 8 歲的本科生，殘酷的競爭，讓一切優劣均要重新排隊。李某話不多，但可以感受到他內心的激烈衝突。他用自己的頑強和刻苦證明著自己，兩年後他重新名列前茅。後來考入了美國一所名校，給我捎來一封飽含感情的信：感激母校和老師……那是經過磨礪而達到的積極統一的自我，這是他再去面對世界頂尖人才競爭時的勇氣和力量。

2. 自卑與自負：自我意識統一的障礙

　　自卑表現在：自我否定、自怨自恨、自暴自棄、膽怯退縮、孤獨沮喪；不接納自己，甚至拒絕自己、摧殘自己；無進取動力等。自負表現在：盲目自大、唯我獨尊、自我中心、盛氣凌人、愛慕虛榮、缺少自知之明、心理防衛意識強、常沉浸在「白日夢」中、不能與人和睦相處等。實際上，自卑和自負是緊密聯繫的，自負表現強烈的人往往是極度自卑的人。自負和自卑都是不容忽視的自我意識的偏差，兩者的自我認識、自我體驗、自我控制都不穩定，容易產生心理變態和行為障礙，失敗的機率較大，兩者都會影響大學生的心理發展和人格成熟，使自我意識消極統一或難以統一。

3. 自我意識：終生的自我完善

　　青少年的自我意識由分化到統一的過程並不是絕對的。具體到每一個大學生，由於其身心發展水準、經歷的不同，自我分化的時間、特點、矛盾鬥爭的水準、傾向不同，統一的時間、模式也不同。其實人的自我意識在一生中永遠遵循分化→統一→再分化→再統一的規律。

　　如何消除矛盾、衝突，使自我意識逐漸接近理想自我進而統一呢？其方法有三：一是努力改善現實自我，使之趨近理想自我；二是修正理想自我中某些不切實際的過高標準，使之與現實自我趨近；三是放棄理想自我而遷就現實自我。不管藉由哪種途徑達到自我意識的統一，都是要經歷痛苦的心理磨礪的。只要統一後的自我是完整的、協調的、充實的、有力的，就是積極和健康的統一，這種統一有利於個體的心理健康和發展，有助於社會的進步和文明。

（二）品德意識：對人、對己、對事

品德是道德品質的簡稱，是道德在個體身上的體現。因此，品德是性格的一種特殊形式或一個側面。品德不是生來就有的，而是一個人在社會化過程中，社會道德逐漸內化的結果。

從藥家鑫（西安音樂學院大三學生，駕車撞人後又給傷者八刀致死，逃跑時被抓獲，後被處死刑）到李天一（大陸著名歌唱家李雙江的兒子，15歲無駕照開寶馬車，在社區打人，在酒吧輪姦女孩……被判刑十年），他們並不是中國教育的孤本，反映了當前教育確實存在一定的問題。他們如此無法無天、慘無人道，人們不禁追問，父母的言傳身教如何？中小學的教育如何？社會、媒體在宣導什麼？

一般來說，品德的心理結構包含道德認識、道德情感、道德意志和道德行為四個相互聯繫又相互制約的心理成分。做一個和諧發展的人的核心就是品德意識，它的集中表現就是對人、對己、對事的態度和做法。

1. 對人：善待別人，尊重別人

俗話說：「仁者無敵。」其實質就是寬容、厚道、善待別人。這是一個人最重要的品德之一。如何善待別人？其一，換位思考，「己所不欲，勿施於人」，這是最基本的道德和良知。其二，多看別人的長處，學會欣賞他人，尊重他人，原諒他人的過錯。

示例 4-4　善待別人，就是善待自己

中國足球名將容志行，在十八年的足球生涯中，參加過許多次國內外大賽，始終保持著良好的體育作風。1981年，在與紐西蘭隊的一場比賽中，他的左踝關節被對方球員踢開一個長6公分的傷口。他被抬到醫院，縫了10針。一個月後，在與科威特隊比賽中，他兩次被對方踢倒，造成傷口破裂。事後有人問他：「你為什麼不發火，不報復對方呢？」容志行說：「對

方已經受到裁判的制裁、觀眾的譴責和同伴的批評了。他在思想上也會有所觸動，這樣利於他改正。你若以錯對錯，報復對方，反而會助長粗野行為。」

容志行以寬容厚道、體諒他人、得理讓人的品德和高尚的體育作風，贏得了廣大球迷的愛戴、同行的讚賞以及媒體的頌揚。懂得待人之道，是塑造自身美好心靈的需要，是建立相互信任及和諧社會關係的前提和基礎。

（資料來源：取自百度文庫 http://wenku.baidu.com/vieus/fofo192659010207409c32.html）

道德情操、良好的心理素質，是透過我們對待他人的態度和方式來培養與體現的。善待他人，就是善待自己；與人為善，就是以善良之心待人；這不僅是為了別人的需要，也是我們內心情感的需要。

2. 對己：嚴以律己，低調做人

這是一種東方人的智慧、品德、姿態、風度、修養、謀略、胸懷，它讓人一次比一次穩健，一次比一次成熟。主要表現在：心態上，不要鋒芒畢露，不要咄咄逼人；言辭上，少抱怨外因，少找藉口，少傷人；行為上，不要財大氣粗，不要居高自傲，不要不拘小節。這是一種品德修養，是個性成熟的表現，是人生的至高境界。

山不解釋自己的高度，並不影響它聳立雲端；海不解釋自己的深度，並不影響它容納百川；地不解釋自己的厚度，並不影響它承載萬物的地位。豐碑無語，行勝於言，時間能證明一切。

3. 對事：高標做事，精益求精

做事要到位，正如賈伯斯的「做細、做好，才能做大」，也就是遠離「差不多」，隨時想想「萬一」出現意外和變化，怎麼辦？

要想做事到位，就要制訂有效的工作計畫，選擇最好的方案、方法。檢驗工作是否到位的標準，無疑就是完成工作的好壞，不讓「差不多」成為口頭禪。

教師上課，要想到課堂上每一個細節，要有到位的完美設計；工人做工，要考慮到每個零件的精確度，要有到位的創造；農民種田，也要考慮天不下雨禾苗怎麼辦的問題，要有與天抗爭的備案。看不到細節，或者不把細節當回事，對工作缺乏認真的態度，對事情敷衍了事，這些都不是高標準做事。

所以，成功者大都是低調做人、高標做事的智者。以合理的心態去踏踏實實做好人、做好事、樹立信念、敢想敢拚、以誠待人、公正處事、勤於學習和思考、積極行動、持之以恆，唯有如此才能打造有成就的傑出人才。

■ 三、性格：決定成敗

個性的核心是性格，性格的核心是習慣，習慣是無數次重複而習以為常的慣性言行。好習慣助你一生，壞習慣毀你在無意識之中。

> **示例4-5** 寓言：夢想毀於習慣
>
> 狗家族出了一條很有夢想和抱負的小狗，牠向整個家族宣布：牠要橫越大沙漠，尋找狗的「世外桃源」，所有狗都為之歡呼。在眾狗們的祝福和鼓舞下，牠帶足了食物、水及必需品上路了。三天後突然傳來了小狗不幸遇難的消息。
>
> 狗家族決定查個明白，到了現場一看，水和食物都剩很多，全身也無任何傷痕，經眾狗們研究，終於發現小狗死亡的真正原因是：被尿憋死的！

這個寓言說明了：因為狗家族有個習慣，那就是撒尿一定要在樹幹、電線桿、牆壁角。而沙漠裡找不到這些，可憐的小狗最終被尿憋死了。所以，在人們在完成某項大事時，常常可能被某些習慣置於死地。

概括地說，人的性格主要由四方面構成：態度、意志、情緒、理智。性格的成熟是相對的，如果環境突然發生了變化，如失戀、失去親人或重大挫折等，那麼性格也會發生改變。

　　教育的目的是培養對社會有益的人，不是培養高智商的犯罪者，因此培養具有良好性格的人，永遠勝於培養智力超群者，這是家長和老師必須建立的教育理念和態度。

　　人生的較量有三個層次：最低層次的較量是各種生存發展的技能較量；中層較量是智慧的較量；最高層次的決定勝負的較量，是性格的較量。這就是人們常說的：「性格決定命運。」

（一）好性格：圓一個人的傑出夢

　　性格決定一個人一生的發展、生活、工作、婚姻乃至身體健康。成功必有成功的理由，失敗也必有失敗的理由，探究起來，那是因為失敗者具有更多的性格弱點，成功者因性格魅力而贏得了幸福、快樂、成就。

1. 進取與自信：笑對人生風雲

　　自信是人生進取的力量，是一個民族及個人自強不息的根基，一切偉大的成就都源於自信。所以，一個人什麼都可以放棄，唯一不可放棄的就是自信。信心決定行為，行為產生結果。培養進取、自信、樂觀的方法有以下兩點。

　　其一是自信、進取，是一種卓越的習性，可以後天習得，即可以經常以積極心理暗示激勵自己，使自己擁有必勝而積極的心態。

　　其二是，微笑會使自信、樂觀的心態油然而生。笑和不笑代表的是兩種完全不同的心態。世上沒有愁眉苦臉的樂觀者，所以，學會平心靜氣和微笑，就是培養樂觀心態。請你體驗一下。

2. 果斷與理智：駕馭自我和他人的能力

　　果斷和理智是明辨是非、通曉利害的能力，是控制自我行為的能力，也是駕馭自我和他人的能力。許多人在制訂決策時常常思慮過多，無休止地糾纏在細節問題上，從而優柔寡斷。培養果斷與理智的方法有以下幾個方面。

　　其一，咬住自己認準的事，不要輕易被別人左右；在機遇面前，不患得患失，當斷則斷。

其二，面對風險，敢於負責。人生就是選擇，每次選擇都會有風險；不能瞻前顧後，即使錯了，也不氣餒。把握時機，乾脆俐落。

其三，果斷不等於輕率、冒失。要謹慎，不能害人害己。

其四，保持冷靜的頭腦，遇事先理出主次及先後，再由表及裡地判斷自己需要什麼，特別是面對失敗和成功的問題時更需理性思考；而面對棘手問題，則需果斷思考。總之，養成計畫、總結、反思的習慣，有助於理性思維的形成。

3. 寬容與誠信：為人的法寶

在現實生活中，人與人之間常常會許以諾言，也難免會產生誤會、摩擦等，不要輕易失信，不要輕動「仇恨」，不良行為不僅會讓人產生煩惱，也會堵塞人通向成功的道路。培養寬容、誠信的方法有以下幾點。

其一，得理且饒人。人無完人，不要抓住別人的缺點、錯誤不放，這是一種低級偏執。善待別人，得饒人處且饒人，提升自己的善良品質。

其二，善於自制。寬容和誠信中都含有自我控制，即去做不願做或不想做但應該做的事，或不做自己想做但不應該做的事，這是一種意志力的磨練。有自制力的人，才能做到寬容和誠信。

其三，勿以惡小而為之，不以私欲當先，比如：貪小便宜、借物借錢不還、約會不守時、承諾不兌現等。

其四，養成寬容、誠信的好習慣。這是做人的立身之本，是一種道德意識和意志力量，也是一種人格魅力。

良好性格還有很多，如感恩、委婉、幽默等。

以上好性格中，進取、自信、果斷、誠信是多數英才學生常有的，而理智、寬容則是多數英才學生欠缺的。他們常常因不理智、不寬容而造成人際關係緊張，或孤僻不合群，這是很值得注意的！

（二）壞性格：毀人沒商量

人生之不幸，除了天災人禍以外，其他都是由於性格缺陷而帶來不幸。人生的成敗實際上就是性格的成敗。首先，別讓壞性格毀了自己；其次，改變壞

性格，使自己擁有更多的性格魅力。那麼，導致失敗的壞性格有哪些呢？我們認為，有如下八種不良性格。

1. 自負與剛愎：眾叛親離

　　自負：自我膨脹。其表現是：狂妄自大、自命不凡、自視過高、輕視他人、畫地為牢、自我封閉、盲目自信、自吹自擂。如：日軍侵華時期，日本天皇曾揚言一個月內消滅中國；拿破崙因自負而被囚厄爾巴島；希特勒因自負而導致自殺身亡……。

　　剛愎：非剛毅也。「剛愎自用」是一種非常可怕的壞毛病，它可以使人愈來愈不知道天高地厚，離真理愈來愈遠，離自己身敗名裂愈來愈近。其表現是：任性固執、主觀武斷、感情用事、一意孤行、自以為是、自命不凡、目中無人、故步自封、不懂裝懂、唯我獨尊、好大喜功、人際關係緊張等。一旦做出了一點成績，就自大自傲、自我吹噓、自我陶醉；一旦做了錯事、出了問題、受了批評，則不敢承擔。

2. 暴躁與貪婪：衝動與自私

　　暴躁：不幸的導火線。「小不忍則亂大謀。」其表現是：喜怒無常、隨心所欲、焦慮不安、自我第一、忽略他人。一旦狂怒發作，往往說話太絕，做事太過，傷人太深，不易挽回，嚴重者會精神失常。

　　貪婪：自私吝嗇。貪婪有輕有重；輕者不講公德，常引起鄰里糾紛或親情疏離；嚴重者（瘋狂的自私）唯利是圖、損人利己、不擇手段、侵吞公款、誣陷他人、鋌而走險等，極易走上犯罪道路。

3. 自卑與懶惰：一事無成

　　自卑：心理「軟骨病」。它使一個人或一個民族永無出頭之日。其表現是：自慚形穢、矮人一截、消沉悲觀、自責畏懼、鬱鬱寡歡、形象邋遢、言行庸俗、情緒消極；對自己不喜歡、不接納、看不起，常懷疑自己的目標和能力；常以「不能」為藉口而推諉。

懶惰：萬惡之源。其表現是：懶於思考和行動，懶於負責和奮鬥；生活邋遢、精神萎靡、全身疲乏、心理厭倦、思維遲鈍、求穩怕變；依賴性強、適應力差、不思進取、不自覺、不自制、應變能力差。懶惰者患糖尿病、膽結石、高血壓、腦動脈硬化症等疾病的可能性要高於常人。因懶惰而行為放縱的人，其一生可能會一事無成。

4. 猜疑與嫉妒：內耗與禁錮

猜疑：內耗的禍根。其表現是：神經過敏、疑神疑鬼、無安全感。歷史上有多少驚心動魄的鉤心鬥角、親情廝殺。「疑鄰盜斧」的心理，不利於人與人之間的溝通、理解、互助。

嫉妒：靈魂的毒藥。嫉妒是既害人又害己的惡魔。其表現是：壓抑、焦慮不安、怨恨煩惱，即「只許你不如我，不准你超過我」。嫉妒像腐蝕劑，容易把一個正常人變成極端自私、醜陋、無恥的陰險小人。其發展過程是眼紅→嫉恨→嫉怒→嫉毀，最終在絆倒別人的同時也絆倒自己。嫉妒猶如一團暗火，灼傷著嫉妒者的心。

中國的歷史，從古代宮廷爭權奪利到當代的文化大革命，猜疑、嫉妒把中華民族害慘了，它已成了中華民族最大的心理劣根性。

💡 思考活動 4-1

以上壞性格你有哪些？在中國的傳統文化中，你能找出多少猜疑、嫉妒的成語？它的危害有哪些？請寫在下面。

_____

_____

_____

_____

貳、自我升值：卓越的遷移

　　在人生的道路上，有很多陷阱、「地雷」及各種坑蒙拐騙和賄賂誘惑，它是專門為個性缺陷者而設置的，它會使那些單純、幼稚、無知和貪心的人誤入歧途。避免走入歧途的唯一辦法就是要有一個良好的、成熟的個性。這就是我們必須優化個性的原因之一。

　　人無力改變先天條件，但有能力改變後天的個性。為了實現人生的自我價值，成為一個卓越的人。這就是我們必須優化個性的原因之二。

■ 一、優化心理：傑出的自主權

　　人的性格或習慣一旦確立，就很難改變，但並不意味著完全不能改變。我們可以透過多次重複性訓練，改變自己的行為，從而改變心理及性格。即把傑出人才的特質遷移到自己身上，使其成為自己的第二天性，從而圓一個傑出夢。這就是本章的主題。

　　人生其實就是一個不斷修正現在、完善自我的過程，雖然誰也不可能成為最完美的人，但我們都在向著自己心中的完美努力。

　　改變自我就是心理美容，它有一個痛苦的過程，但只要想著「美」給人帶來的愉悅，痛苦感就會大大減少，這是一種對卓越的投資。

（一）認識自我：人生第一要事

　　二千多年前，古希臘人就把「人啊，認識你自己」鐫刻在德爾菲神廟上。尼采在《道德的系譜》（*Zur Genealogie der Moral*）的前言中說：「我們搞不清楚自己，我們的永恆判詞是：『離每個人最遠的，就是他自己。』」人們不能不遺憾地說，「認識自己」的目標還遠遠沒有實現。

1. 我是誰？認識自我的歷程

老子說得好：「知人者智，自知者明。」很多人活得很努力、很忙碌、很辛苦，但就是活得不快樂、不幸福、不成功。因為他們總是喜歡去關注別人，和別人比較，有時把別人的錯誤強加在自己身上，卻忘了花點兒時間去審視自己，於是便有了諸多煩惱。人的一生常常陷於：不知道自己不知道，不知道自己知道，知道自己不知道，知道自己知道的認知中。結果活了一輩子，連自己真正想要的是什麼、自己應該去做些什麼都不清楚，又談何幸福和成就呢？所以，人生第一要事是認識自己、看清自己，如此才能懂得人生的意義，才能活得明白、活得真實、活得從容、活得快樂。

2. 環境決定大腦，大腦決定「我是誰」

科學發展至今，我們終於聽到了一種認識自我的科學說法，那就是由大腦揭示「我是誰」。

> **示例 4-6　大腦決定我是誰**
>
> 荷蘭大腦研究學院院長迪克‧斯瓦伯教授的研究認為，大腦決定人的性格，所以他從不試圖去按照自己的願望改變孩子的性格，而且主張順應孩子的天性去發展他們的天賦，規避他們的缺陷，以便更好地讓孩子適應社會、服務社會。同時，他強調，不去改變孩子的性格並不意味著放任自流。性格雖然無法改變，行為卻有矯正和改進的空間。例如，一個孩子總喜歡在公眾場所大聲喧嘩，這是由他的大腦決定的，無法改變，可是父母可以糾正其喧嘩的行為，讓他意識到這樣做是錯的。這樣，這個孩子雖然仍保留著喜歡大聲喧嘩的性格，但是行為上會逐步有所收斂或改進。
>
> （資料來源：http://bjyouth.ynet.com/3.1/1302/18/78284...，
>
> 2013 年 2 月 18 日）

迪克‧斯瓦伯是全球腦研究領域的指標性人物，是荷蘭人腦庫的創建者，

他專注於腦研究領域已經四十五年了，他的一系列腦神經研究成果還改變了很多醫學觀念。

（二）熱愛自我：完善自我的內驅力

一個人的性格，從根本上說是很難改變的。特別是「習慣」，它在一切不變的情況下會自動起作用，但當新生事物出現時，習慣就成了絆腳石；不願改變舊習慣是很自然的心理現象。雖然「大腦決定我是誰」，但是，人的行為還是可以改變。愛自己就要改變自己的行為。

愛自己什麼？愛自己的人格尊嚴，愛自己在公眾中的形象，愛自己高雅的言談舉止，愛自己完善自我和不斷進取，愛自己敬老扶幼、感恩奉獻的高尚人品……這是中國孩子成長中最需要彌補的意識。

1. 愛自己：救己先救心

愛美之心人皆有之，為了美，很多人去美容診所，割雙眼皮、隆鼻子，有的人不惜百萬代價，對自己全身動刀，這些人都是太愛自己的外表。豈不知外表美是一時的，內心美才是永恆的。徒有美麗的外表而內心陰暗狠毒的（那是「蛇蠍美女」），以及「我很醜，但我很善良」、「我很矮，但我很有能力」，最終得到擁戴和尊重的，肯定是後者。所以，如果你愛自己，想拯救自己，那就花點心思和毅力，養成好習慣，改變壞習慣吧。

> **示例 4-7　羞怒之下：從遊手好閒到獲得諾貝爾獎**
>
> 英國醫學家、生理學家、1932 年諾貝爾獎得主謝靈頓，是一名長於倫敦貧民窟的孤兒。少年時，沾染了各種惡習，無所事事，遊手好閒……有一次，他因鍾情於一位擠奶女工，便斗膽向她求婚，這位女工氣憤地說：「我寧願跳進泰晤士河淹死，也不願嫁給你！」這一打擊使他從迷茫中覺醒，他發誓一定要有所作為。於是他悄悄地離開
>
>
>
> 謝靈頓

> 了倫敦，並一改所有惡習，漸漸對生理學產生了興趣，埋頭苦讀，很多年
> 後終於成為世界著名的生理學家，並榮獲了諾貝爾獎。
>
> （資料來源：取自百度 http://image.baidu.com/i? word=
> 英國諾貝爾獎獲得者謝靈頓的照...，2014 年 1 月 17 日）

該案例說明，壞習慣是一筆道德上未償清的債務，這種債務能以不斷增長的利息折磨人，它讓人失去尊嚴、被人恥笑。謝靈頓忍受不了這種汙辱，藉由諸多身心磨難，把壞習慣變成了好習慣，從此有了不斷增長的道德資本，並可以享受它的「利息」，最終迎來了象徵天才的諾貝爾獎。他是何等地愛自己、愛生活、愛生命啊！不僅他能做到，凡是想改變自我的人都能做到。

■ 二、夢想與情志：傑出者的心理

夢想和情志，就像迷失在森林中的瘸子和瞎子一樣，瘸子有眼而腿腳不行，瞎子腿腳好而視力不行，只有瞎子背上瘸子，才能走出森林。兩者彼此相助，缺一不可。

（一）夢想和目標：人生的價值單

關於夢想和目標，筆者曾在大學一年級課堂多次問過學生，五花八門的回答都有，如有人說自己的夢想和目標是「玩」、是「孝敬父母」、是「考研究所」、是「賺大錢」等等。看來，我們需要明白：目標不是什麼以及是什麼？

夢想和目標不是人的本我和本分，不是興趣和父母期望，它是人和動物的根本區別，是人生的高度和遠方的誘惑，是一種超我；它不是狂熱的調侃，不是可望而不可及的美麗彩霞，它是一種意識、計畫和責任。筆者曾給它下過一個定義（賀淑曼等人，1999）：向上看它是信仰，向下看它是意識；向遠看它是理想，向近看它是計畫；向外看它是抱負，向內看它是責任。信仰、理想、抱負，是遠方的誘惑；而意識、計畫、責任，是人們邁開雙足，登上人生高度的行動開端。即它具有科學性、現實性、積極性、清晰性、競爭性、挑戰性等

特徵，它的科學依據是「需求層次理論」（馬斯洛），即人生的心理需求是：生存、安全、情感、尊重、實現自我價值。真正的目標是實現自我價值。

1. 人生的價值：決定於目標的導向

示例 4-8　夢想和目標：決定未來的生活品質

　　美國哈佛大學曾對一批大學生做過一次目標調查，結果顯示：27%的人沒有目標，60%的人目標模糊，10%的人有清晰而短期的目標，3%的人有清晰而長遠的目標。

　　二十五年後，他們對這批學生又進行了追蹤調查，結果顯示：3%有清晰而長遠目標的人經過不斷努力，幾乎都成了社會各界的精英人士和行業領袖；10%有短期目標的人，大都生活在社會中上層；60%目標模糊的人幾乎都在社會中下層，過著安穩的生活；27%沒有目標的人，他們還在抱怨他人、抱怨社會不給他們機會。

（資料來源：http://bbs.pinggu.org/thread-1108327-1...html，

2011 年 5 月 29 日）

　　其實，他們之間的差別僅僅在於二十五年前，他們中的一些人知道自己到底要什麼，而另一些人則不一定清楚。由此可知，目標對人生有巨大的導向作用，你的未來不是「命」，而是由夢想、目標和努力來決定。成功，在一開始僅僅是一種選擇，你選擇什麼樣的人生規劃，就會有什麼樣的人生結果。

2. 審視及設置目標：聚焦你的才華

　　夢想如天上的太陽，它給人光明和溫暖。所以，首先必須不斷反問自己：我究竟想什麼？我真正擅長做什麼？這不僅是設想自己未來的關鍵，也是通向「冠軍」寶座的途徑和心理準備，是激發潛能的動力，如此才能讓人們永不疲憊地去追求，不達目的絕不甘休。

　　如果你想射獵幾隻鳥兒，你是向鳥群射擊還是先瞄準一個特定的目標再一次性地射獵呢？毫無疑問，每次只瞄準一個目標才能成功。一個人要想成功，並不在於他有多大的能耐和才華，而是看他會不會管理自己的能耐和才華，將它聚焦在「特定」的目標上並堅持下去，這樣他才能成為一個碩果纍纍的豐收者。

　　人生的目標是一個金字塔，它包括：人生總目標（二十年後），按每五年一個階段分為：長期目標（十五年後），中期目標（十年後）、短期目標（五年後）、近期目標（一年內）、日常計畫（含一個月內及一週內）。把六級目標寫在本子上，寫與不寫，有不同的感受。下面讓我們先尋找一個中期目標。

💡 思考活動 4-2　尋找你的夢想：價值觀過濾法

　　首先，請把你十年內（中期目標）最想完成的五件大事寫在下面。

_____

_____

_____

_____

_____

　　其次，請按我說的做：如果因天災人禍，這五件大事不能完成了，請你刪去兩項……注意自己此時的心態。又因為天災人禍，剩下的三件事也不能全部完成了，請你再刪去兩項……此時你是什麼心態？請看最後剩下的一項，那就是你真正想做的事。

　　這種層層剝離的價值觀過濾方法，最後留下的是一個人潛意識中最嚮往的目標。

3. 多元目標：科學分配注意力

　　不論是實現哪一級的階段目標，在每一階段中都必須有圍繞主目標的多種

性質的次目標，以保障主目標的實現。

多元目標，不是「眉毛鬍子一把抓」，是有主有次的，最重要的就是注意力分配問題。1 歲嬰兒可以一邊聽從家長指點，一邊邁出蹣跚的步子。成人可以同時把注意力集中在四至六種事情上。如人在開車時，不僅要把握方向盤，還需留意地形、道路及意外情況的變化等。如果一個人同時關注兩件以上的事情，就需要分清主次問題。如一個學生邊看小說邊聽課，當然聽課是主要的，必須隨時跟著老師講的去理解和思考，而小說可能把他的注意力完全吸引過去，那就喧賓奪主了，等於同時有了兩個主要目標，就得不償失了。

4. 目標意識：實施目標的緊迫感

目標意識是指對自己想做的事情定向地、自覺地思考與行動，它可以幫助人們在思想上保持解決某種問題的「臨戰」狀態，從而使問題的解決似乎是處在「無意之中」的「神來之筆」。

示例 4-9　**目標意識：增強人的緊迫感**

愛德華‧琴納是天花疫苗接種的先驅，被稱為免疫學之父。

中世紀歐洲天花流行，死了千百萬人，愛德華‧琴納醫生一直在想如何戰勝天花。一天，琴納在牛奶場發現擠奶女工不生天花，這雖是一件很平常的事，但目標意識很明確的琴納緊緊抓住了它，由此發現了種牛痘可以預防天花的方法，挽救了成千上萬人的生命。

愛德華‧琴納

（資料來源：取自百度 http://baike.baidu.com，2013 年 4 月 20 日）

可見，強烈的目標意識像雷達一樣為人們搜尋成功的契機。沒有目標意識的人，不論多麼偉大的機遇，也會視而不見。

💡 **思考活動 4-3** 千里之行，始於足下：活好每一天

把目標意識貫穿於行動中。每半年（一學期）、每月、每週、每天要做什麼？從小要做到心中有數。按主次先後排列做好書面計畫，做完一個，劃掉一個，直到全部完成，例如：每天要做一至三件要事，完成的打「✓」，未完成的打「×」，而且獎懲有度，參考下表。

活好每一天：週計畫

時　間	計畫			評價	獎懲
週一	1. ＿＿＿	2. ＿＿＿	3. ＿＿＿	✓	
週二	1. ＿＿＿	2. ＿＿＿	3. ＿＿＿	✓	
週三	1. ＿＿＿	2. ＿＿＿	3. ＿＿＿	×	
週四	1. ＿＿＿	2. ＿＿＿	3. ＿＿＿	×	
週五	1. ＿＿＿	2. ＿＿＿	3. ＿＿＿	✓	
小結					

生命是由一連串的目標群組成的，沒有目標的生命就像沒有舵手的船，永遠只會在大海中漂泊，永遠不會達到彼岸。

（二）情志：夢想的護航神

人世間，每天都有無數的人在構思著美好的未來，同時也默默地埋葬著這些美好的構思。過了一段時間，又有一些美好的構思來折磨他們，就這樣反反覆覆消磨著時光。為什麼呢？他們究竟遭遇了什麼呢？多半是他們的情志出了問題。

情志，指情緒與意志。情緒是人類對於各種認知對象的一種內心感受或態度，而最為持久的情緒狀態，是心境。心境通常被稱為心態，它決定一個人的態度，它左右一個人的意志，因此可以說心態決定成敗。有什麼樣的情緒，就有什麼樣的心態，也就有什麼樣的意志行為及結果。

> **示例 4-10　心態決定成敗：「瓦倫達效應」**
>
> 　　美國著名的高空走鋼絲演員瓦倫達，在一次重大的表演中，不幸失足身亡。他的妻子事後說：「我知道這一次一定要出事，因為他上場前總是不停地說，這次太重要了，不能失敗；而以前每次成功的表演，他從來沒有如此緊張。」後來，人們就把專注於事情本身、患得患失過分緊張的心態，叫作「瓦倫達效應」。可見心態決定成敗乃至人的生理、健康與生命。
>
> 　　（資料來源：取自百度 http://baike.baidu.com，2013 年 8 月 9 日）

　　在現實生活中，心態是我們唯一能掌控的方向盤，因為好心情、壞心情都是自己的選擇。我們可以用自我暗示為自己注入良好的心態。其方法如下。

1. 製造好心態：自我暗示

　　心態牢牢黏附在每個人胸膛最隱密的地方，它不像影子在沒光時就深藏在黑暗之中，心態隨時隨地都堅定不移地陪伴著我們，它活躍在我們的面部、肢體乃至夢中，它強有力地制約著我們的生存狀態。我們可能沒有愛情、沒有自由、沒有健康、沒有金錢，但我們必須有心態。好心態可以人工製造，那就是透過自我暗示（指導語＋想像＋體驗），主要步驟如下：

　　第一，暗示指導語必須是針對自我、積極向上、簡明扼要、情感豐富、輕鬆有力的；切忌反面消極、似是而非、模稜兩可，或與人攀比實現不了的。

　　第二，自我暗示的最佳方式，是根據潛意識的特徵，用潛意識最容易接受的方式，如畫面、音樂等，來進行暗示。

　　第三，自我暗示的最佳時間，即誘發潛意識的最佳時間，是半意識的放鬆狀態，也就是迷迷糊糊的狀態或半睡半醒的狀態。

　　第四，自我暗示的強度，需要反覆強化。因為自我暗示的目的是把暗示指導語（或「物」的刺激）植於人的潛意識中，從而成為新的思想意識和行為定式。

　　第五，在自我暗示的效應方面，如果每天只唸暗示指導語，成效只有 10%，

加上想像，成效可以達到 55%，再加上身臨其境的體驗，才能達到 100%。

💡 思考活動 4-4　讓情緒守住目標

- 設計一句暗示指導語，如「小不忍則亂大謀」或「有理不在聲高」等。當我們想發脾氣時，就默唸這些導語，以平靜自己的心情。
- 「沉默是金」，當我們想發火時就深呼吸，讓自己沉默，再沉默。讓別人發火去吧，此時絕不會因為我們的沉默而失去應有的尊嚴。
- 當我們想發怒時，請記住「有理不在聲高」，大喊大叫是沒有修養的表現。
- 「離開現場」，走出來到別的地方去，散步或聽音樂，也可以去打球或找別人聊聊天、看電視、看電影等。

2. 意志：面對挫折的考驗

目標是意志的方向盤，意志是目標的重要支撐，也是目標的「護航神」。意志的心理過程是：決心→信心→恆心→行動。大目標需要大意志，意志不僅善於期待並獲得某種東西，而且也善於迫使自己在必要時拒絕某種誘惑。

示例 4-11　知恥而勇勝：成功者的失敗觀

美國實業鉅子雅科卡在為福特公司工作了三十八年後被解雇了，從一個年薪 97 萬美元的高級雇員一下子成了一個失業者。他簡直氣瘋了，差一點自殺。他說：「失敗把我刺激到要殺人……我真的感到心煩意亂不能自制了……」然而堅毅使他迅速地振作起來，東山再起，出任美國第三大汽車公司克萊斯勒公司總裁。然而又遇到經濟危機，企業瀕臨破產。由於他的掙扎、奮鬥，企業轉虧為盈，起死回生。「你不能聽

《美國實業界鉅子
雅科卡自傳》書影

天由命，要與自己的命運搏鬥。」他說得平淡，但做起來卻尤為不易。

（資料來源：雅科卡、諾瓦克，1988）

挫折是人生的伴侶，也是意志的試金石。縱觀古今中外的傑出人才，無不是從逆境、坎坷和挫折中磨礪出來的。如：魯迅徬徨過，哥白尼憂鬱過，伽利略屈服過，歌德、貝多芬還曾想過自殺，亞伯拉罕·林肯從 21 歲起連續失敗，終於在他 52 歲時成功地當選為美國第十六屆總統。他們都戰勝了困惑及挫折。

使人站起來的不是雙腳，而是理想、智慧、意志和創造力。

💡 思考活動 4-5　你能堅持多久：意志來自哪裡？

據說，走過一片漫無邊際的、荒涼的戈壁沙漠，能看到一個美麗的「世外桃源」，於是甲乙兩人興奮地出發了。路上除了路標和不時的沙塵暴之外，沒有行人，也沒有樹木和鳥兒。向前走吧。請問甲：「你能堅持多久？」再說乙，在同樣情況下，他每走 2 公里便得一獎品，如果你是乙，請問：「你能堅持多久？」各自堅持的原因是什麼？

請將你認為甲乙的感受和態度寫在下面。

_____

_____

_____

_____

_____

意志的動力是信念！沒有偉大的目標和信念，沒有超乎常人的意志，也就沒有天才。這是天才的重要特徵和共通性。

意志訓練的方法很多，「勞其筋骨」是磨練意志的重要方法。適合孩子的一些艱難的勞動、體育活動，能使孩子堅強起來。遠足、爬山、跑步、游泳、較重的勞動……可供選擇的內容很多，家長要指導孩子選擇，關鍵在於讓其堅持。

💡 **思考活動 4-6　風雨無阻：挑戰自我意志**

此法從小學到中學均可用，即：終年如一日，每天早上堅持長跑，定時、定點、定量（大中小學生可跑 1,000 公尺、800 公尺、400 公尺），跑速自控，而且風雨無阻、雷打不動，戰勝賴床及惡劣天氣，堅持下來，必有收穫。

如果你動搖了，請用積極的心理暗示激勵自己，戰勝自我。

拿破崙·希爾曾對美國 16 萬名成年犯人做過一項調查，發現了一個驚人的事實：這些不幸的男女犯人並不是由於缺少智慧，他們中有 90% 的人是因缺乏自制力，才淪落到監獄中去的。

意志薄弱者大多安於現狀，沒有更高的追求和欲望，他們的表現常常是：因缺乏自覺性，從而受到壓力、誘惑的干擾和支配；因缺乏自制性，從而任性、衝動、怯懦；因缺乏果斷性，從而優柔寡斷、隨波逐流；因缺乏堅韌性，從而虎頭蛇尾。這種人即使定下了目標，也會以失敗而告終。

■ 三、創新績效：傑出者的標誌

任何行業的傑出者，其最重要的標誌就是創新績效。如企業領跑：2012 年美國蘋果公司的市值超過了 6,000 億美元，甚至超過了沙烏地阿拉伯、澳洲等國家的國內生產總值，是 IT 業的領跑者（數據詳見 http://finance.sina.com.cn/world/20120824/155712947509.shtml）

美國還有 IBM、微軟、谷歌、亞馬遜等「最牛股」（最厲害股）也在競爭領跑。再看中國，「最牛股」是貴州茅臺和五糧液等，均無大的科技創新，2009 年中國對外技術依存度為 41%（郭鐵成、張赤東，2011），尚屬於打工型經濟。造成這一現象的核心問題是人才和教育，具體而言是信仰問題和科技創新的問題。

（一）教育及創新：信念與竭盡全力

英才教育和創新教育，是全球的課題。國際間的競爭，充滿著不進則退的可能，更不乏迎頭趕上的機會。對我們來說是挑戰，更是激勵。

教育是塑造心靈的藝術，教育的偉大神聖在於此，教育的艱難也在於此。中國教育的今天就是中國經濟的明天。

1. 信念：心中的火種

信念是世界觀、歷史觀、人生觀、道德觀等的核心，是認知、情感和意志的有機統一體，它是一種綜合性的、穩定持久的、強烈的心理品質，是一個人安身立命的精神支柱，是蘊藏在心中的火種，總會在人最需要的時候點燃希望的火炬，照亮前進的道路。人一旦有了信念，就有了追求，什麼艱苦都能忍。信念的崩潰，如同決堤毀壩一樣可怕。只要厄運打不垮信念，希望之光就會驅散絕望之雲。

信念與信仰之別在於：信念是人們在一定認識基礎上確立的對某種思想或事物堅信不疑並身體力行的心理態度和精神狀態，它是人們內心深處是非判斷的標準和行為動機；信仰則側重強調人們對某種理論、學說的認識和態度。

信念的價值就在於，在極度困苦中，獲得心靈的支撐和智慧的力量，並轉換成所需要的物質條件。

如何擁有強大的信念？第一，信念不是天生的，是後天習得（培養）的，也是可以改變的。第二，要對自己確信的結果非常執著。不怕被人看作傻瓜、瘋子，更不怕被人注視、嘲笑、拒絕。第三，不要對自己的信念「設限」和懷疑。事實上，這個世界上根本就沒有失敗，只是暫時沒有成功而已。

2. 竭盡全力：取勝的法寶

想要出類拔萃、創造奇蹟，僅僅做到盡力而為還遠遠不夠，必須竭盡全力才行。

示例 4-12 竭盡全力：傑出的素養

　　在美國西雅圖的一所著名教堂裡，有一位德高望重的牧師——戴爾·泰勒。他向教會學校一個班的學生們鄭重其事地承諾：誰要是能背出《聖經·馬太福音》中第五章到第七章的全部內容（有幾萬字，而且不押韻），我就邀請誰去西雅圖的「太空針」高塔餐廳參加免費聚餐會。儘管這是許多學生夢寐以求的事情，但要背誦其全文無疑有相當大的難度，幾乎所有的人都卻步了。

　　幾天後，班上一個 11 歲的男孩，胸有成竹地站在泰勒牧師面前，從頭到尾一字不漏地背誦下來了，到最後，簡直成了聲情並茂的朗誦。

　　泰勒牧師很清楚，能一字不漏地背誦這麼長篇幅的人是罕見的，何況是一個孩子。牧師在讚嘆男孩驚人記憶力的同時，不禁好奇地問：「你為什麼能背下這麼長的篇幅呢？」男孩不假思索地回答道：「我竭盡全力。」

　　十六年後，這男孩成了世界著名軟體公司的老闆。他就是比爾·蓋茨。

（資料來源：取自百度文庫 http://wenku.baidu.com/link? url= qQI8hjHA5MgGjN6x...，2013 年 1 月 11 日）

思考活動 4-7

　　你對「盡力了」和「竭盡全力了」有何看法？請將你的看法寫在下面。

_____

_____

_____

_____

（二）創新績效：重塑「安、鑽、迷」

　　「浮者，根基不牢也；躁者，耐性不足也。」從本質上來說，浮躁是一種

令人無所適從的病態心理，它使太多的人失去了對自我的準確定位，導致急功近利、弄虛作假、投機取巧等。浮躁對教育界的傷害，能讓幾代人緩不過氣來。

　　「文革」前，中國科學院對研究人員提出：「安、鑽、迷」，即安下心、鑽進去、要入迷。這是一種超乎常人的癡迷。古往今來，成大事者，無一不是專一而行，專注而攻。數學家陳景潤用自己的功勳詮釋了「安、鑽、迷」的含義。

示例 4-13　陳景潤忘我解證「哥德巴赫猜想」

　　數學家陳景潤的父親是郵政局職員，他在家中排行老三。13 歲時母親病故，父親再婚，這些事情使他成為了一個內向的人。

　　中學時，聽數學老師說，自然科學的皇后是數學，數學的皇冠是數論，哥德巴赫猜想是皇冠上的明珠，至今無人證明……他愛上了數學。

陳景潤

　　1950 年，他考進了廈門大學，1953 年以優異成績自大學畢業，被分配到北京某中學當數學老師。後因一年住了六次醫院做了三次手術，久病不癒，該中學不再聘他了。後被廈門大學校長王亞南調回廈大圖書館當管理員，在此期間，他寫了一篇數論文章，寄給了中國科學院數學研究所。華羅庚一看文章中的奇光異彩，就把他調到所裡當實習研究員。當時數學所已人才濟濟，明星燦燦。華羅庚讓陳景潤側重應用數學，但也要向世界難題哥德巴赫猜想挺進！

　　陳景潤癡迷於求證哥德巴赫猜想。有一次，他撞在樹上，還問是誰撞了他。他廢寢忘食、晝夜不捨、嘔心瀝血，付出了高昂的代價。他患上了肺結核，咳嗽、腹脹、腹痛，有時已人事不知了，卻還記掛著數字和符號。他以驚人的毅力攀登在崎嶇抽象的數學山路上！面對狂風般的誤會、嘲諷、誹謗、汙衊等，他不予理睬。他的失敗和磨難無法統計。他所運算的稿紙，

積有三尺高，他寫的論文長達兩百多頁。終於他登上了「1＋2」的臺階。

「文革」驚天動地，拂鐘無聲，人人要過關。許多科學家一夜間成了美、蘇及國民黨特務，遭受掛牌、遊街、批鬥等侮辱折磨，有的更致殘致死。陳景潤被扣上了資產階級「安、鑽、迷」的白專、寄生蟲、修正主義苗子等大帽子，說他研究的是偽科學！因多次批鬥，慘白的面頰被打得青一塊黑一塊的。他眩暈、休克，一個倒栽蔥摔到地上。

工人宣傳隊進駐科學院各所後，陳景潤回到了自己的小屋，想讀書、運算，「造反派」剪斷了電線，拿走了電燈泡，還每天敲門查戶口，弄得他心驚肉跳，不得安生。為了在黑暗中活下去，他買了一盞煤油燈，又把窗戶糊上了報紙，掙扎著過著膽顫心驚的日子。

打倒「四人幫」後，領導看望他時發現：他住在一個煙薰火燎的 6 平方公尺的小黑屋裡，有一張床，沒有一張矮凳。屋角裡堆了兩麻袋稿紙，一堆藥瓶，兩只暖瓶，一盞煤油燈，暖氣上放著一個飯盒。他的生命已經垂危！

在國外的數學著作及出版物上，「傑出的成就」、「輝煌的定理」、「陳氏定理」、「光輝的頂點」等讚譽之詞，不勝枚舉。一個英國數學家給陳景潤的信裡還說：「你移動了群山！」現在，離皇冠上的明珠，只有一步之遙了。

（資料來源：徐遲，1978）

在科學史上，每一個成果的背後，都有著一步步浸滿血、淚、汗的腳印。當科學家在某天突然展示自己的獨創、首創時，人們羨慕、敬佩甚至嫉妒，但有誰知道他們十幾年乃至幾十年中付出了多少艱辛和心血呢？

理解人不容易，理解陳景潤更難。他對數學的摯愛使他廢寢忘食、夜以繼日地處於忘我癡迷的瘋狂狀態，他承受了非人般的磨難。這種冒生命之險的忘我的「安、鑽、迷」人格，並不比在戰場上拚殺的戰鬥英雄們遜色，他那獨創性的貢獻也是無人可以取代的。

面對社會的浮躁、變動，英才們只有重塑「安、鑽、迷」的精神，中國的

科學技術才能有非凡的創新績效。

　　如果有人說你瘋了，你離天才就不遠了。

本章摘要

　　本章概述了：優化個性是育傑出人才的第二依據。人生真正的起跑線是社會化（學做社會人），它造就了一個人的性格。好性格能圓一個人的傑出夢，壞性格能毀掉人生。性格的核心是習慣，習慣是無數次訓練而形成的，因此透過改變行為，讓我們把傑出變成一種習慣，變成我們習以為常的第二天性，從而改變我們的命運。

本章語錄

- 在現實生活中，有些人很有才華，也有機遇，卻與成功擦肩而過；有些人看似平凡卻青雲直上；有些人在萬般磨難中崛起；有些人在激烈的競爭中敗退。這一切看似不公平，實際多半取決於個性。個性不是種種社會角色的總和，而是人的心理特徵的全貌，個性左右一個人的言行舉止乃至命運。雖然社會角色不能改變，但人的個性是可以改變的，而且每個人都擁有改變命運的主動權。

- 社會化是每個社會成員終生的必修課，毫無疑問，這是人生輸贏的真正起跑線，也是成才先成人的問題。

- 人生的較量有三個層次：最低層次的較量是各種生存發展的技能較量；中層較量是智慧的較量；最高層次的決定勝負的較量，是性格的較量。這就是人們常說的：「性格決定命運。」

- 自信是人生進取的力量，是一個民族及個人自強不息的根基，一切偉大的成就都源於自信。所以，一個人什麼都可以放棄，唯一不可放棄的就是自信。信心決定行為，行為產生結果。

- 夢想和目標不是人的本我和本分，不是興趣和父母期望，它是人和動物

的根本區別，是人生的高度和遠方的誘惑，是一種超我；它不是狂熱的調侃，不是可望而不可及的美麗彩霞，它是一種意識、計畫和責任。

- 信仰、理想、抱負，是遠方的誘惑；而意識、計畫、責任，是人們邁開雙足，登上人生高度的行動開端。
- 生命是由一連串的目標群組成的，沒有目標的生命就像沒有舵手的船，永遠只會在大海中漂泊，永遠不會達到彼岸。
- 信念是世界觀、歷史觀、人生觀、道德觀等的核心，是認知、情感和意志的有機統一體，它是一種綜合性的、穩定持久的、強烈的心理品質，是一個人安身立命的精神支柱，是蘊藏在心中的火種，總會在人最需要的時候點燃希望的火炬，照亮前進的道路。
- 想要出類拔萃、創造奇蹟，僅僅做到盡力而為還遠遠不夠，必須竭盡全力才行。

請您深思

1. 你認為，實現夢想最基本的環節有哪些？
2. 你在社會化方面有哪些不足之處？它給你帶來哪些沉痛的教訓？
3. 你做人做事的原則是什麼？你認為在你的性格中有哪些致命的缺陷？
4. 你有改變自我的意識和打算嗎？請寫下來。

Chapter **5**

家教育英才——
輸贏在哪裡？

　　種瓜得瓜，種豆得豆。每一個傑出者的身上，都折射出父母的品行和良好的家教，反之將折射出家長的不良習性及家教的失誤、陳舊、單一等。所以，為了孩子和美好的明天，優化自我、優化社會是我們每個人的責任。

家庭教育是人生底色的奠基。每個人不論你是平凡或偉大，乃至貧賤與罪犯等，都與家庭和父母教養息息相關。父母的價值觀、人生觀、為人處世等皆貫穿於教育的基本理念。可以說，家教對一個人的成長所產生的作用是最根本、最持久的，甚至會影響孩子的一生。所以家庭是價值、資訊、態度的第一課堂，也是決定孩子命運的第一課堂，甚至是決定一個民族未來的第一課堂。所以教育改革和英才教育應從家教開始

壹、家教育英才：困惑與危機

婚姻，是「為人父母」的偉業奠基典禮，這個偉業需要終生學習和經營。國外的準父母有「新手培訓」乃至父母資格確認。中國的準父母總是匆匆工作開業……個別父母把孩子的好成績當成自己能成批培養「神童」的「證書」。但若干年後，面對孩子的境遇，忍不住傷感：為什麼從小風光長大悲哀？為什麼我們付出了無限的愛，收穫的卻是一個「一無所成」或「無限自私」的孩子？為什麼我們傾其無限的金錢最終還是「啃老」？

「家教」，主要指：0 至 12 歲的孩子，他所處的生存與生活環境（家庭境況），所接受的教育（主要是父母），這是孩子一生發展的基礎。至於 12 歲以後，教育的重點則轉移到了學校、同儕、社會（如媒體等），以及自我教育等。

■ 一、家長的困惑：如何科學教子？

一般家長的教育都是上一代傳下來的，再加上當前的社會「跟風」，幾乎都是傾其全力「趕著」孩子上各種才藝班、接送陪讀、遷戶口。總之不惜一切代價想讓自己的孩子有出息。可以說，每一個家庭都有一個望子成龍的夢。

（一）狼爸、貓爸、虎媽：家教何去何從？

在一個「望子成龍」的國度裡，家庭教育的方式總能成為眾人關注的焦點，

於是各種派別的家長層出不窮，「狼爸」、「貓爸」、「羊爸」、「鷹爸」、「虎媽」等相繼登場。究竟什麼樣的教育能更科學地讓孩子成人成才呢？

1.「狼爸」、「貓爸」、「虎媽」：各種育兒經的爭議

示例 5-1　「狼爸」：把三個孩子打進了北大

　　「狼爸」認為，打是一種文化，以「棍棒之下出才子」的理念「把三個孩子打進了北大」。「狼爸」家裡常備藤條和雞毛撣子，並且真打，要打到需要母親過後給孩子上藥的程度。讓孩子們從小背《三字經》、《弟子規》，背不上來就要打。而且制訂了蕭氏七條「打法」，如不准看電視、不准上網、不准隨意開冷氣等。12歲以後不再打，因為性格、習慣已定型。

　　　　　　　　　（資料來源：取自百度「『狼爸』：把三個孩子打進了北大」）

示例 5-2　「貓爸」：女兒跳舞跳進了哈佛

　　「貓爸」，他們寬容，善於和子女溝通，被稱為「對孩子採用個性化教育，因材施教的父親」。典型代表人物是教出「哈佛女兒」的常智韜先生。女兒常帥在與美國最優秀學生的競爭中獲勝，2010年被哈佛大學錄取。當地報紙稱常帥「跳舞跳進哈佛」，因為她堅持跳了十二年的舞。常帥常因跳舞出訪或者演出而曠課，但在上海七寶中學的學業成績名列前茅，年年都獲得獎學金。

　　　　　　　　　（資料來源：取自百度「『貓爸』：女兒跳舞跳進了哈佛」）

示例 5-3　《虎媽戰歌》：兩個女兒都考上了美國名校

　　「虎媽」──美國耶魯大學華裔教授，原名蔡美兒。她出版的《虎媽戰歌》，介紹了她如何以中國式教育方法管教兩個女兒。如在女兒彈琴出

錯時，可能上去就給一巴掌。她要求女兒沒有什麼事可以成為不練琴的理由——病了、剛拔完牙、吃止痛藥，堅持練！並為兩個女兒制訂十大家規等，孩子在「虎媽」的嚴格管教下分別考上了哈佛大學和耶魯大學。中國教育的「強度」刺激了美國人的神經，從而引發了中美教育大論戰。

（資料來源：取自百度「《虎媽戰歌》：兩個女兒都考上了美國名校」）

　　三個示例的共同點之一是他們的孩子都考上了名校；共同點之二是他們的教育實際上只適用於早期教育，在孩子 5 至 12 歲時最為有效。爭議的焦點是：成功的家教是什麼？怎樣管教孩子？孩子能否懲罰（打罵）？

（二）英才家教：何去何從？

　　且說以上三例，成人也好，成才也罷，究竟該「嚴厲苛刻」還是「放任自流」呢？實在值得商榷。關於懲罰，筆者認為，不能一概而論。美國大部分的州用法律保護孩子（不得懲罰），也有的州沒有規定。美國有關人士曾調查過 20 位有名的CEO，他們從小都經歷過嚴教乃至打罵，他們認為，這讓孩子從小懂得「規矩」。對於服從性強的孩子，也要把握「度」。如果孩子的叛逆性非常強，這種教育方法可能會導致孩子產生心理問題。同樣，「貓爸」的方法用在性子強、自覺性差的孩子身上也會導致孩子出現「自以為是」等毛病。我們需要首先明確的是：要培養一個健康幸福的孩子，教育必須因人而宜。

　　愛因斯坦說，現在的教育沒有把人們的創造力全部抹殺掉，這不啻是一個奇蹟。英才的本質是創新，創新的核心是想像力。如何呵護與激發孩子的想像力，是所有教育工作者終生不懈的努力。以下看美國家長是如何呵護孩子想像力的。

> ### 示例 5-4　為了孩子的想像力：媽媽狀告幼兒園老師
>
> 　　1968 年，內華達州一位叫伊蒂絲的 3 歲小女孩告訴媽媽，她認識禮品盒上「OPEN」的第一個字母「O」。媽媽聽了並未高興地讚賞孩子，而是

問她是怎麼認識「O」的，孩子說，是幼兒園老師艾迪教的。這位媽媽一怒之下將幼兒園及老師告上了法庭。理由是，老師過早給孩子灌輸了固定概念，剝奪了孩子想像的空間，使孩子的想像力過早地被抑制。因為女兒在認識「O」之前，會把「O」說成蘋果、足球、雞蛋等。但是自從女兒學習了 26 個字母後，女兒就失去了想像力。她要求該幼兒園賠償孩子精神傷殘費 1,000 萬美元。

最後法庭判決幼兒園賠償女孩精神傷殘費 1,000 萬美元。

（資料來源：取自百度「因剝奪了孩子的想像力，美國母親狀告幼兒園」）

　　沒有想像力的孩子，就沒有獨立的思想和創造力，只能成為別人的工具，該案例可見這位母親的勇氣和遠見。黃金有價，想像力無價。再多的錢，也買不回女兒的想像力！中國家長都有很強的忍耐力，即使發現老師的教育有嚴重問題，也只是背後罵幾句，從不敢狀告法庭，也不知法律能否保護？這或許是中國孩子想像力不足的原因之一。

💡 **思考活動 5-1**

　　透過以上「狼爸」、「貓爸」、「虎媽」的教育及「示例 5-4」，你認為，應如何當家長？孩子應「嚴厲苛刻」還是「放任自流」？該不該狀告老師？等等，請將你的看法寫在下面。

_____

_____

_____

_____

_____

（三）家教與家規：中美家教對比

　　不同的文化有不同的家教和家規，互相交流取長補短是很有必要的。

1. 歐巴馬的家教：嚴格但不失親密

　　美國總統歐巴馬每天日理萬機，為兩個女兒的教育，親筆撰寫勵志童書──《讚美你：歐巴馬給女兒的信》。書中描述了 13 個鼓舞人心的美國英雄。歐巴馬總統告訴孩子們，你們可以改變世界，這是社會賦予你們的榮譽與擔當。這不只是給他的女兒，也是給我們所有的人。據《聯合報》報導，在採訪中透露了他家教的方式時，說到戒菸，他說，兩個女兒都已長大，他需要做一個好榜樣。他還說做家長最好的一件事，是想到為了孩子好去改掉壞習慣，去做對的事。他對兩個女兒的教育，卻「嚴格但不失親密」。歐巴馬身為一個國家的總統，他的時間非常珍貴，但他仍然擠出時間和兩個女兒交流，特別是到了父親節，他這一天是屬於兩個女兒的，再忙也要和她們在一起。他說，大女兒到 13 歲才有手機，並且只准在週末使用；小女兒薩沙現年 9 歲，要等到 12 歲才能擁有自己的手機。兩個女兒都不准在週一到週五期間使用電腦或看電視，除非作業需要。

示例 5-5 　解讀：歐巴馬夫婦的家規

　　歐巴馬的夫人蜜雪兒在接受採訪時，會提到一些很富有實用性的「家規」，如：

　　(1) 不能無理抱怨、爭吵或惹人討厭的取笑他人：抱怨的本質，是不願意自我反省，不願意承擔自己的責任，「爭吵」是激烈衝突的抱怨，它讓真正的朋友遠離自己。人生不是因為失敗而抱怨，而是因為抱怨而失敗！

　　(2) 一定要鋪床，不能只管穿著、看外表整潔就行：在富養女兒的時代，女兒也必須學會自重與自愛，同時也是對他人的尊重。

　　(3) 自己的事自己做，如倒牛奶、疊被子、穿衣服：這是培養自立品格，同時也是增強他的生存理念。

　　(4) 保持玩具房的整齊、清潔：即使我們的房子再小，我們也努力為孩子開闢一塊自己的「玩具房」，玩具房乾淨不僅是一種衛生習慣的養成，也是一種責任感的培養。

(5) **幫助父母做家務，每週給報酬1美元**：給予孩子一定的參與意識，同時讓他明白有付出就有回報。這無疑是極好的生存教育。

(6) **每逢生日、耶誕節，沒有豪華的禮物和鋪張的宴會**：勤儉節約是一種平民化的美德教育，無需多言。

(7) **每晚八點半，準時熄燈**：時間觀念、作息習慣，這是一個人最初的生存需求。要努力讓我們的孩子從小就具有這樣的生活品質。

(8) **安排充實的課外活動**：瑪莉亞跳舞、排戲、彈鋼琴、打網球、玩橄欖球；薩莎練體操、彈鋼琴、打網球、跳踢踏舞。我們的很多家長，將孩子的課餘變成了正餐，天天練，即使孩子們最厭惡時也練，這還是充實的課餘生活嗎？

(9) **不准追星**：在明星面前，可以欣賞，但不可以追逐；可以稱讚，但不可以崇拜；如果可以，請崇拜那些激勵無數人前進的偉人吧。

（資料來源：取自百度「歐巴馬夫婦的家教與家規」）

江河的源泉是細小的河流匯成的，偉人的英雄品質，是從小事養成的。

歐巴馬的精英培養，不是說一大堆豪言壯語，設立「偉大光輝正確」的目標，而是從最簡單、最普通的事情開始。其實所謂的精英，就是把身邊的事情做好。

2. 中美家長：教育理念與評價孩子

再讓我們從宏觀上看看，當今中美家長是如何教育和評價孩子的吧：

- **中國家長**：對孩子限制多、包辦多、替孩子做決定多，說太多的不許這樣、不許那樣等。家長常因工作而不顧孩子的行為，已成為很多人的「模範」行為。

  美國家長：給孩子自由多、自主多、自己抉擇多。家長會因孩子說「今天我不想上課」，而陪孩子在家，是充分的理由。

- **中國家長**：對孩子多嬌慣、溺愛，盡量滿足孩子的各種需求，不讓孩子受半點委屈。孩子摔倒或哭鬧，幾個大人跑過去抱起來又拍又哄又許諾。

美國家長：讓孩子分清是非黑白，分清基本的道德準則及行為底線，讓孩子學會獨立自制。如孩子摔倒或哭鬧，家長裝作沒看見，讓孩子自己爬起來。

● **中國家長**：教育孩子要乖、聽話，要規規矩矩，在長輩面前要恭敬、有禮貌，不要到處亂摸亂動。

美國家長：教育孩子要有信心、責任、能力、獨立、個性、愛心、活潑，平等待人，敢於嘗試各種新鮮事物。

● **中國家長**：常用灌輸式、填鴨式、死記硬背式教育。評價孩子的標準是否考上名校？所以《黃岡密卷》、《海澱考題》和《哈佛女孩……》、《劍橋男孩……》之類的書才會氾濫成災。

美國家長：常用啟發式和探討式教育。評價孩子的標準是能否提出新思想、新創意？是否顛覆了舊理論、發現了新東西、發明了新技術、解決了重大難題、開創了新的商業模式？

● **中國家長**：當孩子犯錯誤時，大人會氣極敗壞地訓斥孩子，甚至揮拳就打。為了維護大人的臉面和尊嚴，小孩子就該聽大人的。

美國家長：當孩子犯錯誤時，大人會蹲下來，平靜地跟他講道理，讓他明白自己錯在什麼地方。特別注意保護孩子的自尊心，尊重孩子的意願。

以上也是中西方文化差異的反映，值得我們反思。但中國家長並非都如此糊塗，如：

(1) 諾貝爾獎得主：崔琦的家規家教

崔琦，1939 年生於中國河南省寶豐縣肖旗鄉范莊村一個農民家庭，1984年，獲美國物理學會巴克利獎；1998 年獲美國物理學界最高榮譽的佛蘭克林物理學獎章；同年 10 月，獲諾貝爾物理學獎，次年獲美國紐約華策會頒贈的「1999 年度風雲人物獎」。2011 年 1 月，被美國《亞裔雜誌》評為 20 世紀最後十年最具有影響力的 100 名亞裔人士之一。他是美國國家科學院院士、臺灣「中研院」院士、中國科學院外籍院士。

請看河南一個小村子裡的孩子，怎樣成為世界頂尖科學家？

示例 5-6　母愛：讓我走進諾貝爾獎

崔琦的父親崔長生不識字，母親王雙賢是富家閨秀，她三個哥哥都是讀書人，因重男輕女，她識字不多。崔琦出生時母親 37 歲，父親 42 歲。他是家中唯一的男孩，他有三個姊姊，均讀完了大學。1949 年崔琦高小畢業，因當地沒有中學，只好輟學在家。1952 年，母親為了兒子的前途，忍痛抉擇，讓他投奔移居香港的二姊求學。沒想到從此母子永別。

嚴格的家規，高貴的真善美：崔家家規嚴，在當地是出了名的。上小學時母親要求兒子：不許翹課，不准在外面玩等。在崔家，四個孩子無論做錯什麼事，都可以解釋，然後必須照父母說的去做，誰頂嘴或懈怠，就會挨竹板。

母親以身示範，謙虛是最大的美德：母親深知，人必須能吃苦、愛勞動，處處以誠待人。她從不嬌慣唯一的兒子，崔琦稍大一點就幫家裡幹活，如施肥、鋤地、澆水、割草、撿柴、幫父親收拾院牆等。同時，母親還教育他不管自己有多大本事，都要保持謙虛待人的品格，這樣才會得到別人的敬重。

母親深明大義，激勵他走向人生輝煌：在他赴美留學時，父親已重病臥床不起。母親自己擔負起全部護理任務，直到 1959 年夏天父親去世，母親也沒對他透露一點兒消息。她認為，兒子在外面做大學問、做大事，決不能讓他分心。甚至在 81 歲高齡時住茅草庵，寂寞地離世，都沒有影響兒子的學業。

（資料來源：取自百度「崔琦殊榮含淚憶慈母」）

一個母親的素養不在文化的高低，而在於胸懷、眼界和為人處世。母親的一句話、一個態度，可能會決定孩子未來的命運。所以，重視女性的教育，是提高人口素質的關鍵。未來各國的競爭，人才的競爭也好，教育的競爭也好，

說到底是年輕女性的素質競爭。

二、家教危機：疾呼人性與生命教育

很多家長認為孩子進了名校，就等於跳進了「龍門」的保險公司，必成龍無疑，可高枕無憂了，這種短視教育給家庭、社會帶來了很大的危機。

（一）家教「短視」：社會的不安定因素

考名校，幾乎成了家長及中小學老師的最高奮鬥目標。每年高考後，家長感謝老師的酒宴、學校出狀元的慶功宴，屢見不鮮。同時，媒體也在忙碌地追逐著狀元們的「輝煌事蹟」，有家長迫不及待地開始撰寫自己的「育兒經」等。看看這種短視教育背後的不安與悲哀吧。

1. 十多萬「啃老族」：禍根在哪裡？

想「出人頭地」的家長們含辛茹苦地把「寶貝」們送入了大學乃至名校，甚至讓他們出國留學，而孩子們歸來後，卻成為「海待」（海外歸來後待業），賦閒在家。理想的「龍」變成了「啃老」（老養小）的「蟲」。

《2012年中國大學生就業報告》顯示，有近57萬人處於失業狀態，十多萬人選擇「啃老」。中國老齡科研中心調查顯示，中國有65%以上的家庭存在「啃老」現象，有30%左右的成年人基本上靠父母供養。

有人給「啃老族」畫了一張素描：「一直無業，二老啃光，三餐飽食，四肢無力，五官端正，六親不認，七分任性，八方逍遙，九（久）坐不動，十分無用」，他們逃避成年人自食其力的責任，逃避贍養老人的責任，逃避為社會服務的責任，故稱這些人為「精神殘疾」。它是每個家長焦慮不安的最大心病，也是當今家庭、社會不安定的潛在因素。其主要禍根在於「性格註定命運」等教育問題（見百度：2012年中國大學生就業報告）。

2. 英才家教：疾呼人性與生命教育

看以下本該成為英才的優等生，是怎樣視他人生命如草芥而成了殺人犯的。

示例 5-7　**驚恐：名校優等生淪為殺人犯**

看最近幾年高校發生的重大慘案：

2004 年 2 月，雲南大學「省三好學生」、全國奧林匹克物理競賽二等獎得主馬加爵三天連殺四人……

2005 年 6 月，北大男生安然，因追求一個女生而殺死同班情敵崔培昭……

2009 年 11 月，吉林農業大學學生郭力維用尖刀扎死同寢室同學趙研……

2010 年 3 月，四川大學高考狀元曾世傑，因容貌遭到別人嘲笑，出手殺死素不相識的女生彭某，砍傷兩名男生……

2010 年 10 月，西安音樂學院優秀生藥家鑫，於深夜駕車撞人後又將傷者刺了 8 刀致死，後駕車逃逸再次撞傷行人……

2012 年 4 月，復旦大學研究生林森浩向飲水機投毒，致使同寢室同學黃洋中毒身亡……

（資料來源：取自百度「盤點中國大學生殺人事件：
從馬加爵到藥家鑫看中國道德教育」）

不要用「林子大了，什麼鳥都有」來寬恕自己。雖然我們的學校不曾教過殺人，也沒有學校是為監獄培養罪犯的。但是，無法否認，幾乎所有的罪犯都曾是學校裡的學生。究竟為什麼教育的結果會與我們的願望背道而馳？因為在我們的教育中缺少人性教育、生命教育，這是一個不可回避的失誤。

（二）泛「傷仲永」：急功近利之害

自從《哈佛女孩劉亦婷》暢銷後，緊隨其後的《我家笨笨上劍橋》、《輕

輕鬆鬆上哈佛》、《耶魯男孩》、《牛津圓夢》、《神奇的學習》等書陸續問世。這充分說明了社會需要「神童」家教。為此，有些家長使出渾身解數，不擇手段地強行塑造，超負荷開發，並迫不及待地獻出這個「青蘋果」，是家長的急功近利之為！

1. 強行造「神童」：家長不擇手段

中央電視臺（教育臺）曾找筆者去做「破譯『神童』教育」的嘉賓，聽到了一起驚人的案例。

> **示例 5-8** 「苦難人生」：摧殘天性的教育
>
> 〔短片和記者解說〕：小女孩鄒束英，7 歲便在湖南長沙成了遠近聞名的小神童了，她僅用 10 個月就讀完小學所有課程，並直接上了初中。總共在校學習時間不超過三年，便和父親一起四處遊歷，並著手寫一部 20 萬字的小說——《苦難人生》。更令人稱奇的是，她立志要在 13 歲時進入哈佛大學，打算以後成為一個人盡皆知的作家。記者在與她接觸過程中了解到，她父親對她有時近似殘酷的嚴厲。如當她不願意學習時，就把她的頭髮剃光……雖然她自稱是快樂的，可是眼前我們看到的她臉上青一塊、紫一塊，甚至有點蓬頭垢面，讓人不禁疑問：這就是素質教育？這就是快樂教育？

筆者認為這是一種剝奪性的摧殘教育，孩子因為害怕，暫時也能發揮一定作用，但它對孩子身心健康所帶來的深層傷害是很難撫平的。也是《未成年保護法》所不能容忍的。實際上，採取懲罰與打罵的教育方法，不論發生在家長還是老師身上，都是一種無能為力之舉。

2. 家長渴望名利：急於曝光出名

據記者告知，有一位家長領著一個 4 歲的孩子來到電視臺，說孩子是個仰臥起坐「神童」，當場讓他表演四百多個，強求記者報導，記者發愁地說，奧

運會也沒這項比賽呀……還有出版社告知，某家長要求出版《我的兒子10歲》（天文、地理、數理化、體音美無所不知），作為他開辦教育公司的教材，以推銷他的神童教育法。還有一些家長，因孩子一路成績優秀，考上了北大、清華，自己從此改行，到處開班講「神童教育」等等不再列舉。

神童是不能複製的，「虎媽戰歌」也不是人人都能唱的。教育方法是要因人而宜的。奉勸父母，不要刻意製造「神童」，不要對此執迷不悟，耽誤了孩子；一定要從孩子的實際情況出發，量力而行，循序漸進，在全面發展的基礎上讓孩子練好基本功，這樣才有成功和成才的發展「後勁」。

以上種種急功近利的「泛神童」傾向，違背了教育的基本功能和規律，實為教育的變態心理，切莫讓其氾濫成災。

貳、育英才兒童：初為人師的遭遇

2000年以前，筆者在大學進行心理輔導時，曾有學生詢問我：「做什麼事都要有培訓、有資格證書，甚至職稱等，為什麼做父母沒有？」這是個值得政府關注的嚴重問題，因為它是我們民族素質的前期教育。

養花、養草、養魚都有學問，教養孩子更有學問，它不是人人天生就會的事。初為人師的父母，步入教育之道，若想養個天才寶寶，豈不是新手遇到新問題？面對一切的初來乍到，只要不自以為是，虛心學習，就有望夢想成真。

■ 一、親職教育：父母的教育能力

有些年輕夫婦，生第一個寶寶時，經常上網查各種資料，特別是嬰兒營養、開發智力等方面。生下寶寶後，媽媽就按書上說的，什麼時候餵奶？什麼時候餵果露等，列了個「餵養時間表」。有一次我看到了以下如此的一幕。

示例 5-9 「第一個孩子照書養，第二個孩子照豬養」

一個 3 歲左右的孩子正專心畫畫，媽媽在旁邊大聲叫喚：「快！該吃水果了，吃完再畫吧！」孩子說：「不！畫完再吃。」媽媽耐心地說：「你看多好吃啊，你不吃媽媽要吃了。」反覆重複著。於是孩子只好停下來吃水果了。

「真服了你啦，你的『規律餵養』很嚴格，終於戰勝了寶寶」我當時就說。「那當然，我一直堅持從小要養成規律生活」媽媽自豪地說。

「規律生活是對的，但要看具體情況。培養孩子的專注力和拒絕誘惑的能力更重要！」我說。「國家允許生二胎了，放心吧，第一個孩子照書養，第二個孩子照豬養」孩子爸爸急切地辯解說。

這可能是當今年輕父母的教養縮影吧？這種「好媽媽」急待接受教育！

「親職教育」，是 1930 年代西方諸多國家所提倡的，即家長教育。

所謂親職教育，是指父母如何扮演角色，調整親子關係並認真教育子女的非正規教育。它透過父母或監護人與孩子共同參與、共同活動，對話和互動，激發孩子關注周圍事物，並產生探究興趣等親子教育活動的成效，展示父母的教育能力。

（一）家教育英才：親職教育的使命

教子成才，不能靠自己慢慢摸索——孩子等不起！更不能靠旁門左道瞎折騰——孩子誤不起！教育孩子是一個無止境的學習。特別是：父母自身的科學世界觀、人生觀和價值觀，良好的道德品行和習慣行為、豐富的知識和溝通能力等，都是父母終生必學的功課。

1. 育健康兒童：細雨如絲潤無聲

身心健康，是每個孩子成長的基本前提，心理健康教育常常是被家長所忽視的。佛洛伊德認為，一個人的心理問題大部分來自 6 歲以前……

示例 5-10　社區見聞：知識分子也無知

　　我在一個社區的兒童遊樂場閒逛，看到一位年輕媽媽正在教訓一個嬰兒：「不許再吃手了！你的小手太髒！再吃，媽媽就把你的小手包上！」說著便從身上摸出一個小手帕給孩子看。「你的寶寶 9 個月了？他能聽懂嗎？」我止不住好奇的問。「8 個月，月子裡就在臉上亂抓，我就給他戴上手套，現在整天吮手，沒辦法還是戴『手套』吧」「這不是手套，是手銬。小孩手指的運動，有利於大腦發育，所以，嬰兒不能戴手套，手需要解放。至於他吃手，因為 0 歲前後，孩子最迫切的需求是「口腔刺激」。此時孩子如果得不到充分滿足，將埋下了長大後「吃手指」、貪吃、吸菸、酗酒，甚至吸毒的心理問題」我說。從此我和她就交上了朋友。

　　有一天我在社區看到一位被別人稱為老師的老先生向大門走去，後頭有一個 3 歲左右的女孩在追他，女孩後面有一位老太太（也是老師）邊追女孩邊喚：「回來！奶奶帶妳去買好東西。」女孩還是直追爺爺，老太太突然無奈地大喊：「回來！妳爺爺去托兒所呐！」這一招很靈，小女孩突然站住了，茫然地轉臉看奶奶……。

　　這兩個故事「細雨如絲潤無聲」。後例，老太太大喊：「妳爺爺去托兒所呐！」也許去托兒是對孩子的懲罰，灌輸了「托兒所是個可怕的地方」，埋下了「學校恐懼症」的隱患。

2. 育英才兒童：教育的藝術

　　古今中外成功父母的範例很多，有的出自健全家庭，有的出自艱困家庭，有的出自單親家庭，有的出自隔代家庭……形態各異，方法多樣，各有各的成功之處，所以，「教必有方，教無定法，行必有方，為無定法」。

　　教育是「雕根」的藝術。就拿讚揚和批評來說就很有技巧和藝術性。如：

(1) 讚揚什麼？如何讚揚？

　　讚揚孩子，會使孩子的自信心和責任感增強。但讚揚孩子也需要技巧。

- **要讚揚孩子的努力,而不是天賦。**因為天賦是上帝賜予孩子的,與孩子沒有任何關聯。你可以這樣說:「孩子你做得好!你很棒!」、「繼續加油!」等。

  錯誤的說法是:「寶寶真聰明,寶寶是個神童!你不是神童誰是神童?」孩子認為自己是神童,因此而不再努力、不再踏實、不知進取、常耍小聰明。

- **要給孩子更高的欲望,而不是物質。**獎勵孩子錢或物,會讓孩子「向錢看」。應該激發孩子的更高欲望。如在家中找一個醒目的地方,給孩子貼上小五星或其他標誌,告訴他,等這個「五星」積到 10 個,媽媽將滿足你一個要求,如買一本小書、一個玩具,或到動物園去玩等。這讓孩子意識到,必須付出代價,才能得到如意之物,他會更珍惜自己的勞動代價。

- **要讓孩子與自己比,而不是與別人比。**如一個「數學神童」對歷史不感興趣,每次考試都不及格,突然有一次考了 68 分,也許在全班是比較低分,但必須大大表揚。即把表揚的參照系定位於和自己以往比,這會增強自信,切莫和最高分比,那會產生自卑。

(2) 批評什麼?如何批評?

沒有批評的教育,不是完整的教育。批評也有技巧和尺度的問題。

- **切莫拿自己孩子的缺點去比他人孩子的優點。**如說,「看人家的孩子都比你強!」久而久之,會使孩子失去奮發圖強的自信心,甚至慢慢產生了一種嫉妒心理,不會用正當的手段去超越別人等。當然也絕不能拿自己孩子的優點去比別的孩子的缺點,以滋長孩子的自滿和自負。

- **視孩子比「貴重物件」更貴重。**如果孩子損壞了貴重物件,首先問為什麼?無論有意還是無意都不能打罵,因為孩子脆弱的心靈比「貴重物件」還貴重。可以告訴他,「貴重物件」的損壞帶來多大的損失,今後這種錯誤還能犯嗎?讓他知道什麼是教訓。

- **語氣和措辭,能影響孩子的一生。**批評的口氣、措辭、態度都要有「度」,既不要輕描淡寫地讓他感到無所謂,也切莫用太嚴厲、太尖刻

的語言讓孩子感到懼怕。語氣和措辭，會影響孩子的自尊與自我價值的判斷，甚至影響孩子的一生。藉由批評要讓孩子知道做人的行為規範。具體方法很多，要因人施教。

（二）親子教育：父母與孩子共同成長

親子教育主要是針對 0 至 3 歲的嬰幼兒所展開，讓孩子在感官認知、身體發育、語言、人際關係及動手操作等方面感受刺激、得到鍛鍊和發展。同時教會家長掌握現代育兒的科學方法，使孩子自誕生之日起就步入健康成長的軌道。

親子教育是最親近、最無私、最溫和的教育，它強調父母、孩子在平等的情感溝通的基礎上互動，從而更好地促進兒童身心健康、和諧地發展。

1. 親子教育：最新的理論依據

教育學與腦科學的結合、教育學與社會環境的結合，是提高教與學的有效方法，這已成為世界各已開發國家教育科學研究和改革的重點之一。也是當今最新、最重要的理論依據。

(1) 腦科學：親子教育的依據之一

科學研究表明，人的智力和行為是受大腦支配的。因此，我們的早期教育應根據嬰兒腦與認知神經的發展規律進行，如果違反這一規律就會適得其反。如：

● **0 至 3 歲嬰幼兒腦的發育非常迅速，可塑性極強。** 從腦的重量來說，嬰兒出生時腦重約 350 克，1 歲時滿 950 克，到 3 歲時已接近成人水準。人的感知、記憶、思維等都是在生命頭幾年的神經網路裡加工出來的。0 至 3 歲是兒童動作、感知覺、語言、注意力、情緒情感等方面發展的關鍵期，教育要緊緊抓住。

● **腦發育與營養是智力的基礎。** 研究發現，早期兒童的腦營養，特別是母親孕期的營養和孩子出生後二、三年內的營養尤為重要。基本營養物質為：氧。水、葡萄糖、蛋白質、脂肪、微量元素之類。缺少任何一種，都會傷害大腦健康。

但營養也存在適量問題。如過高劑量的鋅反而對學習記憶功能有傷害作用。總之，補充營養一定要注意全面、合理、均衡、適量，否則反而對腦功能有害。

- **早期訓練不能強度過大或教育指標過高**。這會導致使嬰幼兒的腦不堪負荷，反而會妨礙腦的正常發育，絕不能因開發腦而傷害腦。還應注意：嬰幼兒生病時應謹慎服藥，尤其是可能影響神經系統的藥物。如藥劑量過大，注射速度過快而出現藥源性疾病，影響腦智力。

- **避免對腦的傷害性刺激**。要科學地認識腦、保護腦、開發腦，促進兒童腦健康與發展。如運動過猛，不小心頭撞到堅硬物上，輕者腦震盪，也許影響記憶力，重者會傷害大腦兩半球之間的胼胝體，有可能成為裂腦人，即左右兩半腦各行其是。

(2) 環境教育：親子教育的依據之二

科學研究發現，遺傳基因對大腦神經只有30%至60%的影響作用，另外40%至70%的影響則是由環境造成的。

科學的教養主要是創造環境，激發孩子注意周圍的事物，產生探究興趣，主動與環境互動。家庭環境和幼稚園環境可謂微環境，在早期教育中尤為重要。

- **開啟語言智力的環境：多提供交流機會**。語言是英才天賦的重要表現。3歲前的嬰幼兒是人一生中學習語言最迅速、最關鍵的時期。兒童學習語言，首先接觸的是母親，然後是家人，再次是同儕。這一階段，主要是靠父母，特別是母親與孩子的交流，讓孩子習得語言，在促進其語言健康發展的同時，亦促進嬰幼兒的感知力、觀察力、注意力、記憶力、想像力等的發展。兩者既相互制約，又相互促進。

- **開啟情緒智力的環境：良好的親子關係**。情緒和人際關係是英才成功的重要因素。大量事實充分顯示，缺乏母愛的孩子無論在情感方面還是在社會人際關係方面都得不到較好的發展。讓孩子在良好的親子關係中感受安全、信任、溫馨，是嬰兒良好情緒發展的必備條件，也為孩子今後適應社會奠定了良好的基礎。嬰兒的身心發展都是以母親的撫育為核心，母親的撫育對孩子社會情感的發展有著促進作用。

● **開啟個性品質：建立對人和環境的基本信任。** 觀察顯示，從出生到 1 歲這一時期，是個性基礎的建立時期。心理學家認為，對人和環境的基本信任是形成健康個性品質的基礎，6 歲以前嬰兒所受的情感傷害對未來人格的發展有嚴重影響。缺乏母愛的孩子在情感和社會人際關係方面都得不到較好的發展，對周圍人容易產生懷疑、妒忌等心理，不能形成基本態度。

2. 親子教育：內容和方法

親子教育最關鍵、最基礎的問題是建立新的親子關係，家長不再是「居高臨下」的「領導」，或「以教育者自居」或以知識權威者自居等。親子之間要相互平等和尊重，以能者為師，共同學習，共同成長。

(1) 親子教育的形式和內容：親子互動與德智體啟蒙

父母或孩子的監護人與孩子共同參與、雙方互動，「對話」及更多的是透過身體的接觸、表情、眼神等交流，父母是交流活動的發起者，孩子是接受者；逐漸地，孩子對父母發出的訊息，以微笑、聲音、手舞足蹈作出應答，開始表現出自主性。在孩子會坐、會爬、會站時，給孩子一些能激發他的雙手、四肢、全身活動的玩具參與互動。隨著孩子的發展，父母發出訊息的內容、方式逐漸複雜化以適應孩子發展的需要。例如，懸掛空中的彩帶、氣球，可以抓握的或能發出聲音的玩具，參與互動，引導孩子注意環境中各種事物。

1 至 3 歲，是孩子自我意識和道德意識萌生與發展的關鍵期，也是對孩子德、智、體啟蒙教育的開端，是一生發展的重要奠基。

(2) 親子互動：遊戲的要領

首先，要還給幼兒遊戲的自主權，千萬不要把自己的意願強加於孩子身上，應尊重他們的要求和遊戲規則，讓他們覺得自己是遊戲的主角，有充分的自主權，家長只能誘導和啟發他們的思路，而不是替代他們去設計遊戲。其二，要了解許多遊戲內容間能互相滲透，應根據幼兒的興趣、性格、能力等特點有所調整、變化，應不斷吸收新資訊，不斷充實，而不能生搬硬套。最後，在玩親子遊戲時要以極大的熱情投入，要玩得盡興，使孩子感到其樂無窮。其三，提

倡家長帶領孩子開展戶外運動性遊戲，讓孩子從都市狹小、封閉的空間解放出來。如：散步、遠足、爬山比賽、騎車、玩泥沙、球類遊戲、跑跳鑽爬，這些都是親子遊戲可選擇的內容

(3) 英才兒童的父母及教育

英才兒童的父母不一定都是天才或具有很高的學歷，但平等待人、工作勤奮、責任心很強。他們在緊張工作之餘，總是喜歡從事創造性生活。他們給孩子較多的自由，鼓勵孩子自強自立，發展自己的興趣，甚至允許他們去冒險。

英才兒童常常是長子長女，或獨生子女。他們在家中享有突出的地位，受到父母的精心培養與更多的激勵。家中一切資源都集中用到發展孩子的才能上，父母也把大量的時間用在激勵和教育孩子上，他們生長在活潑有趣、充滿刺激的環境中。他們的家中擺滿了書，他們可以聽到無窮無盡的有趣故事。他們常出去觀光旅遊，開闊眼界，豐富人生閱歷。

💡 **思考活動 5-2**

身為父母（或準備作父母）者，請評論一下你的教育能力如何？請寫在下面，並相互交流。

_____

_____

_____

_____

_____

■ 二、敏感期教育：一生的基礎

有人說，家庭是孩子的第一個染缸，它給了孩子人生的底色；學校是孩子的第二個染缸，它會讓底色強化或雜化；社會是孩子的第三個染缸……作為家長，我們只能努力管好我們手中的第一個「染缸」，即英才成長的基地。

（一）早期教育：啟迪孩子的未來

　　家庭是孩子早期成長的重地，鼓勵孩子：勇於探索、勇於運動、勇於模仿、勇於嘗試、勇於動手、勇於提問、勇於交往、勇於自立、勇於懷疑等，是「基地」重要的「口令」，也是激勵孩子奮發的號角。

1. 敏感期教育：為日後正常發展奠基

　　其實每個人的天賦並沒有太大的差別，而長大後卻只有不到 1% 的孩子可以成為天才。這是由後天孩子所接受的環境教育與培養方式造成的。孩子之所以麻木、遲鈍、懶惰、好動、混亂、癡呆、焦慮、自閉等，是因為他們的探索活動被嚴重阻礙。蒙特梭利在一百多年前揭示了兒童學習與性格形成的敏感期（sensitive period），即在不同年齡階段，總有一個特別適合大腦進行某種特定能力和行為發展的最佳時期——敏感期。

　　腦科學見證了蒙特梭利教育思想的科學性，根據「敏感期」進行有針對性的學習和訓練，神經突觸就會更大限度地被啟動，「潛能」便會得到超強的發展。

　　敏感期是孩子的心理需求，是自然賦予孩子的生命助長力，對孩子日後成才有著奠基作用。如何運用這股有效而神奇的動力，讓孩子暢通無阻地度過一個個敏感期的發展階段，幫助孩子充滿活力和熱情地完美成長，這是家長的責任。

　　兒童敏感期也是有彈性的，如果 0～6 歲敏感期沒有得到良好發展，到了 6～12 歲還有彌補的機會，前提是兒童必須有一個充滿愛和自由的成長環境。

2. 0～12 歲：打造人生底色

　　0～12 歲，即孩子五感能力發展的敏感期，是人生最基本的底色。如下。

(1) 0～1 歲：口腔敏感期

　　孩子以滿足口腔刺激為最大快樂。吃自己的手指、腳趾，亂啃玩具等，應注意安全及應順其自然！此期間，如果孩子得不到口腔滿足，長大後還會吃手，

甚至吸菸、貪吃、酗酒等，嚴重者需看心理醫生。

(2) 1.5～4 歲：觀察力發展敏感期

特別關注細微物，如小蟲子、豆子、釦子等。比如孩子面前同時有一支筆、一粒小豆，孩子會首先抓住小豆。成人應該在安全的前提下保護他的興趣。培養孩子巨細靡遺、綜理密微的好習性。

(3) 2～3 歲：自我意識與空間敏感期

此時孩子喜歡「咬人」、「打人」、「說不」、「自私」、執拗、逆反等。還有常扔東西、爬高、滑坡、捉迷藏等。這是日後立體感、空間能力和邏輯思維發展的前奏，家長應正確、有技巧地引導。

(4) 2～4 歲：秩序敏感期

孩子會因無法適應環境而害怕、哭泣、大發脾氣，對順序性、生活習慣等產生要求，這是社會化的開始（做一個社會人的行為規範）。它為孩子提供有秩序的生活，能穩定孩子的情緒，並且形成良好的生活規律。

(5) 3.5～5.5 歲：閱讀與書寫敏感期

孩子對書、筆、紙開始關注，對畫畫、寫字、聽大人讀書特別有興趣，還能解釋自己亂畫、亂寫的東西，這是對人類創造的符號開始感興趣，是認字的第一步，也是孩子自主學習的開始。

(6) 4～5 歲：人際關係敏感期、婚姻敏感期

孩子玩耍，交換玩具、食物等，是化「敵」為友的最好辦法。婚姻是兒童認知社會關係的一個必經過程，所以兒童常會自稱公主或王子，或說：「我要和爸爸結婚！」「我要娶媽媽做新娘！」「我要與某某結婚！」其實在孩子心裡，「戀愛」、「婚姻」就是遊戲。

(7) 6～9 歲：文化敏感期

即主動地「我要學」。當孩子出現探究、觀察事物深層原因的強烈需求時，他有可能在平凡的事物中，洞察並捕捉到不平凡的現象，並有為詮釋疑問而探索答案的樂趣。這正是好奇→興趣→樂趣→志趣轉變過程的重要一環，此時，「孩子的心智就像一塊肥沃的田地，準備接受大量的文化播種」。諸多科學家都是從這時起步的。

(8) 12 歲前後：良好性格的開端

此時的兒童都應在學校接受教育。如果他們能順利地完成學業，並與小朋友和諧相處，他們就會獲得勤奮感和初步的社會適應。這也會使他們在今後獨立生活和承擔社會任務時充滿信心；反之，就會產生自卑。當兒童的勤奮感大於自卑感時，他們就會獲得「能力」的品質。

（二）自我意識：「獨立宣言」之戰

自我意識的形成與發展經歷了生理的自我、心理的自我、社會的自我三個階段。作為性格核心的自我意識，它分為個體對自身的意識和對他人與周圍環境的意識兩個方面，包括自我分析、自我評價、自愛、自尊、自信、自豪、自省、自卑、自立、自主、自控和自我教育等許多層次。

從孩子有了強烈的自我意識（逆反心理）開始，伴隨著親子「戰爭」的煩惱便出現了。每一次「戰爭」都是孩子爭取獨立的一大進步。

1. 人生的起步：自我意識的萌生

自我意識是一個人平庸或偉大的決策司令部。關注孩子自我意識的發展狀況，就是關注孩子未來的幸福。

1 歲左右，孩子自我意識的最初級形態。如：意識到手指與腳趾是自己身體的一部分，然後從成人那裡知道使用自己的名字，以區別自己與他人。2 歲後，學會了「我的」和「我」，這是自我意識的出現。

3 歲左右自我意識得到了發展。出現了自主感、羞恥感，有「自己來」的主動願望，說明有了「責任意識」，這是品德的開始。孩子的責任意識和品德意識，也是一種行為實踐。它將決定未來的學習、工作和婚姻的成功或失敗。

> 示例 5-11　**3 歲女孩：「叫向東偏向西」**

一個家長領著一個小女孩走進了「心理諮詢中心」。他說：「剛剛 3 歲就無法教育，我說向東，她偏向西，什麼事都和大人撐著幹，整天闖禍，

太勞神了！」我問：「哪些事情撐著幹？」「比如：自己搶著端飯，把她媽燙傷了；自己要開瓦斯做飯，你看多危險呀……自己穿鞋子，左腳穿右鞋，右腳穿左鞋；衣服小的穿外邊，大的穿裡邊。太反常了，是不是腦子有病了？」這位父親說。「她腦子沒病，我恭喜你，你的孩子長大了，她正在經歷和體驗自己的主意和責任」我說。「這叫自我意識或責任意識。一些危險的事你要告訴她危險在哪裡，至於穿鞋子或衣服，不是什麼原則問題，她希望你尊重她的『審美』和對自己的責任。所以，她拒絕你把成人的觀念強加在她身上。你要耐心等待她在體驗中慢慢認識」……。

孩子只是具有了「長大感」。她要求按自我的意志行事，她反對父母過度保護和越俎代庖。在她要求的獨立行為中，有許多是力所不能及和不切實際的，家長應注意對不安全的事要給孩子講道理，以免造成傷害。

2. 自我意識的發展：責任感與成人感

3 至 6 歲，此時孩子開始明白「自己的事情自己做」等責任和規則。這是培養孩子責任意識的關鍵期，但需要提醒孩子，如果做錯了事情要懂得道歉和改正，不能逃避責任，要勇於承擔後果和彌補過失等。

7 至 15 歲，自我理解與第二個逆反期。孩子開始問自己：「我究竟是什麼樣的人？」「我會成為什麼樣的人？」知道要對社會負責了；此時孩子內心的衝突很多，有的逆反，有的強忍，不同的孩子表現出來的強度不同。

示例 5-12　比爾·蓋茨的「獨立戰爭」

比爾·蓋茨 11、12 歲時，變得愈來愈不聽話。一次，他在飯桌上和母親爭吵，從來不參與母子爭論的老蓋茨順手抄起一杯冰水猛澆到兒子頭上。小小的蓋茨把被澆透了的頭轉向一座山一樣的父親說：「謝謝你的淋浴！」

老蓋茨夫婦因為和兒子的關係危機，跑去找心理醫生諮詢。醫生說：「這孩子正在對你們進行一場『獨立戰爭』，而且最後肯定是他贏。你們

要撤退！」夫婦兩人聽從了此話，家裡總算是太平了。事實上，不僅是家裡太平了，也是他們的退讓使蓋茨成為了今天的蓋茨。

（資料來源：取自百度「《華爾街日報》少年比爾‧蓋茨的逆反心理」）

該故事來自《華爾街日報》中文網報導。它說明，老蓋茨明智的退讓，成就了小蓋茨這一傑出的開拓性人才。其實，所有的傑出人才都具有「反叛基因」，性情溫順的，如達爾文，表面不頂嘴，實際上我行我素。

其實，下一代對上一代的不滿是推動社會變革、發展的動力。家長必須有廣闊的胸懷和遠見，如此才能培育一流的人才。

參、育未來英才：輸贏在哪裡？

孩子是家長最貴重的資產，也是最大、最輸不起的資產。對於家庭來說，什麼都能延誤，什麼都能輸掉，唯有孩子的教育不能延誤、不能輸掉。

人生迎面馬拉松式的長跑線，你可知道：哪兒是孩子的起跑線？你可想過：究竟讓孩子贏在哪條線？你可想過：哪些不測在中線等你？你可知道：如何達到光輝的終點？以下故事會在你迷盲中，助你一臂之力。

一、代代出英才：「成功人士」的家教

近年來，富二代（年薪數百萬以上）；官二代（部級以上）；星二代，指歌星、影視星、體育星等（年薪數百萬以上）的權富子女，在國內外求學中，無法無天的特權表現（當然不是所有人），引起了社會的憤怒和關注。如果你只給下一代留下了花不完的錢、享不盡的福貴，你只能供養寄生蟲，說明你不是一個合格稱職的家長。而只是一個土豪式的暴發戶，更不是什麼貴族（詳見本書第二章）。

如果你想代代出英才。以下兩例對你及所有家長都極有教育參考價值。

（一）洛克菲勒的家教：億萬富豪延續六代不衰

洛克菲勒是世界石油大亨，《富比士》雜誌於 2007 年評估，其家族的資產是 3,053 億美元，排名世界第一，是歷史上最富有的美國家族。

中國人有句俗語「富不過三代」，然而洛克菲勒家族從發跡至今已經綿延六代，仍未現頹廢和沒落的跡象。這與他們家族對子女教育息息相關。為了避免孩子被家族的光環寵壞，幾代人在教子方面相當花心思，並有一套祖傳的教子法則，約 50 多條，因篇幅有限。筆者簡要摘錄 10 條供參考，如下。

示例 5-13 「成由勤儉敗由奢」：億萬富豪給子女的忠告
（摘要）

● **做人忠告：**「……我把失敗當作一杯烈酒，咽下去的是苦澀，煥發出來的卻是精神。」

洛克菲勒

(1)「德」為做人之本。「最高的道德標準在商業上正像在生活的其他關係一樣必不可少。」

(2) 誠信是生存之道。「在商界生存最重要的一點是什麼，是誠信。」

(3) 尊重別人就是尊重自己。「往上爬的時候要對別人好一點，因為你走下坡的時候會碰到他們。」

● **做事忠告：**「優秀的人在競技中想的不是輸了我會怎樣，而是要成為勝利者我應該做什麼。」

(4) 構築夢想的人生。「每個人都是他自己命運的設計者和建築師。」

(5) 人生最偉大的目標是行動。「一旦確定了目標，就應盡一切可能，努力培養達成目標的充分自信。」

(6) 信念是前進的力量。「從貧窮通往富裕的道路永遠是暢通的，重要的是你要堅信：我就是我最大的資本。」

(7) 堅持，再堅持。「除非你放棄，否則你就不會被打垮。」

● **奮鬥忠告**：「真正重要的不在於你有多少聰明才智，而在於如何使用你已經擁有的聰明才智……興趣和熱心是決定成敗的重要因素。」一個人要想戰勝困難、獲取成功，首先要做的就是戰勝自己內心的障礙。並勤奮、熱忱、積極、努力地追尋自己想要的人生，這樣你就沒有理由不成功。

(8) 成由勤儉敗由奢。「正確的態度將我們引上致富之路，錯誤的態度卻可能導致人財兩空。」

(9) 態度決定成敗。如果你視工作為一種樂趣，人生就是天堂；如果你視工作為一種義務，人生就是地獄。

(10) 細節成就完美。「全面檢查一次，再決定哪一項計畫最好。」

還有：出身並不決定命運、天下沒有白吃的午餐、婚姻是人生最重要的投資、友誼無價、合作是金、把員工擺在第一位、知己知彼才會贏、學會必要的忍耐、別害怕冒險、財富是種責任、裝傻是大智慧、從失望中開闢希望、培養你的創造力、創造自己的運氣、學習無止境、就要做第一、做真正的實幹家、教育子女是天賜的特權、善待此生等等。

洛克菲勒唯一的兒子小洛克菲勒，在上大學的時候，過的是貧窮的生活，自己熨褲子，自己縫鈕扣，不抽菸，不喝酒，不隨便到劇院去看電影，和他父親一樣，把每一筆開支都記在小本子上。這些人看起來很節約，但當他們在針對社會進行捐贈的時候，非常慷慨。這也是貴族精神非常可取的一部分。

小洛克菲勒有六個子女，他的教子方法就是讓孩子「平民化」。他們沒有游泳池，沒有網球場，沒有棒球場。孩子們穿著同雇工們一樣的普通服裝，玩弄著自做的各種簡陋玩具。小洛克菲勒還帶頭補衣服給他們看；要求孩子開墾菜園，種菜種瓜，除滿足自家需要外，還賣給附近的食品雜貨店。他鼓勵孩子們參加家務勞動，如背柴、垛柴、拔草、逮蒼蠅、捉老鼠、擦皮鞋等都有不等的代價。他規定：零用錢因年齡而異，所用零花錢，需有詳細記錄。

（資料來源：取自百度「洛克菲勒教子法」）

（二）曾國藩的家教：一百九十餘年育二百四十多名英才

　　曾國藩乃清朝軍事家、理學家、政治家、書法家、文學家。他的兒子紀澤詩文書畫俱佳，又自修英文，成為清末著名外交家；紀鴻研究古算學也取得了相當的成就，但不幸早逝；他的孫輩曾廣鈞是詩人；曾孫輩曾昭掄、曾約農均為學者和教育家。曾國藩及其四兄弟家族，不僅逃脫了「富不過三代」的歷史週期率，其四兄弟家族，綿延至今一百九十餘年間，共出有名望的人才二百四十餘人，沒有出過一個紈絝子弟。如此長盛興旺之家，在古今中外皆屬罕見，原因當歸於曾國藩的教子有方。如下。

示例 5-14　曾國藩教子：家規與家教

　　其一，曾國藩的家規：謙、孝、仁、勤、恆、儉。

　　(1) 謙：「以勤勞為體，以謙遜為用，以藥佚驕」。他教育子女待人寬厚、寬容，「己欲立而立人，己欲達而達人」。

　　(2) 孝：「百善孝為先。」他教育子女在家敬老愛幼，出嫁後尊敬公婆。

　　(3) 仁：「親戚交往宜重情輕物。」「家敗離不得個奢字，人敗離不得個逸字，討人嫌離不得個驕字。」

　　(4) 勤：「以習勞苦為第一要義」。反對奢侈懶惰，從不准許子女睡懶覺，特別強調戒驕奢、倡勤儉、主敬恕、不忘本。

　　(5) 恆：他要求子女「守先人耕讀家風，不要有半點官氣，不許坐轎，不許喚人添茶」。不許子女斥罵僕傭，不許輕慢鄰居，不許仗勢欺人。

　　(6) 儉：「家事忌奢華，尚儉。一日不勤，則將有飢寒之患……」

　　其二，曾國藩的家教：訓教、信教、言教、身教、事教、師教。

　　(1) 訓教：提煉家訓，以培養淳樸的家風，形成良好的家庭教育環境，從而有利於後代的健康成長。如「八字」（「考、寶、早、掃、書、蔬、魚、豬」）、「三不信」〔「不信地仙、不信醫藥（指補藥、保健藥之

類）、不信僧巫」〕。「八本」（讀古書以訓詁為本、作詩文以聲調為本、事親以得歡心為本、養生以少惱怒為本、立身以不妄語為本、居家以不晏起為本、居官以不要錢為本、行軍以不擾民為本）、「三致祥」（孝致祥、勤致祥、恕致祥）。這就是曾國藩給曾氏大家庭制訂的家訓。

(2) **信教**：曾國藩身居要職公務繁忙，長年在外，無法經常督促子女，於是寫信成為他教育子女的重要手段。即使工作到深夜，他也要抽空閱讀子女書信，並及時回覆，細加指點。

(3) **言教**：曾國藩只要跟紀澤、紀鴻等子女在一起時，總是精心指點做人之道、讀書之方、習字之法，無微不至。他還因材施教地說：「澤兒天資聰穎，但過於玲瓏剔透，宜從渾字上用些功夫。鴻兒則從勤字上用些功夫。」針對紀澤「語言太快，舉止太輕」的缺點，要求「力行遲重」，即「走路宜重，說話宜遲。」

(4) **身教**：曾國藩每天日理萬機，自晨至晚，勤奮工作，從不懈怠給子女樹立了很好的榜樣。主要公文，均自批自擬，很少假手他人。晚年右目失明，仍然天天堅持不懈。他所寫日記，直到臨死之前一日才停止。

(5) **事教**：曾國藩善於從家務勞動入手整飭家風，即使富貴及頂時，亦告誡子弟切不可喪失鄉間以勤儉治家的根本。即使富貴及頂時，亦告誡子弟切不可喪失鄉間以勤儉治家的根本。如同治三年，曾國藩夫人、女兒、媳婦來到安慶督署，他「共辦紡車七架」讓她們自紡棉紗，善事物教育子女，是最生動、最深刻的教育，一輩子都受用。

(6) **師教**：曾國藩自己尊師敬賢，對子女重視「擇良師以求教」。

曾國藩的教子之道和家庭教育理念等，是我國教育思想的瑰寶，它對當今的現代教育，仍有著強大的指導意義。因篇幅有限，不再贅述。

（資料來源：取自百度「曾國藩教子家規」）

💡 **思考活動 5-3**

以上故事，你聽了有何感悟？你的家教家規是什麼？請寫在下面，並相互交流。

_____

_____

_____

_____

_____

■ 二、家教育英才：輸贏的關鍵

當今中國教育正在遭遇著前所未有的新問題，那就是孩子很難受、家長很為難的時代。因為中國孩子正生活在前所未有的種種誘惑和壓力之下，中國父母也從來沒有像今天這樣惴惴不安與憂慮，孩子與父母的關係也從來沒有如此不和諧。家長如果不能與時俱進地學習，將失去教育孩子的能力。

（一）社會化教育：教子成才的起跑線

人生面對馬拉松式的長跑線，你可想過：究竟讓孩子贏在哪段線？哪些不測在中線等你？你可知道：如何助孩子達到光輝的終點？

「成才先成人」是教育者皆知的道理，所謂成人，就是成為一個有社會行為規範的社會人。這個過程即社會化教育。

1.社會化教育：人生最重要的教育

為了適應社會的變遷和發展，社會化是每個人終生的教育。就是學會生存、學會做人與做事。主要內容，如下。

(1) 規則的社會化

遵守社會規則，是做人的根本。社會之所以有序，它是由各種規則而規範

的。當今很多孩子不知道什麼場合說什麼話，什麼場合做什麼事；什麼人可交，什麼人不可交。如，最常見的是考試作弊、校內打群架等，這是學校三令五申的紀律，為什麼屢禁屢抓屢犯呢？還有更嚴重者，忽視法紀，以身試法等，皆為規則社會化缺失。

(2) 品德的社會化

做什麼樣人的？道德是基本準則！如社會人的基本行為規範。如禮貌、禮節、人情世故等，即：禮、義、廉、恥的素養教育，它是現代社會保持有序發展的重要手段之一。繼而形成信念、習慣和傳統以約束個體行為，並調節各種社會關係。

(3) 語言與自律的社會化

「病從口入，禍從口出」。管住自己的嘴和舌頭是很高的自律。「文革」對此破壞有餘。它影響了幾代人的為人處事。在此前提下，一切好事如：機遇、晉升、獲獎，乃至外出考察等還能輪得上你嗎？

(4) 知識與技能社會化

這是人生存與發展的常識。從培養兒童生活自理能力開始，首先掌握生活與生產的基本知識和技能。繼而提升個體素質，是形成良好社會風尚的基礎。

(5) 社會角色社會化

人生就是一場戲，一個人的一生，將扮演諸多的社會角色，如：一個男人的社會角色有：兒子、丈夫、父親、爺爺，學生、教師或其他職務等。要演好每個角色，是需要隨角色的改變而進行的無止境的學習，這就是角色的社會化。

社會化教育的執行者，主要是家長、老師、官員、媒體等。可見家庭教育承擔著「成人」教育的重擔。

2. 社會化缺失：中國教育的普遍缺失

說話，是重要的智慧，也是人與人溝通的重要手段，如果說話不看場境，極沒眼神，甚至「哪壺不開提哪壺」，是令人討厭和不會做人的主要表現。不少小神童就敗在不會與人溝通等做人與做事方面。

不論是英才或普通大人，都必須先成為受歡迎的社會人，而後你才能迎來

發展的機遇，才能成為人才或頂尖人才，可以說社會化程度的高低，與一個人成就的大小有正相關。由此可知社會化教育（做人與做事），是成人與成才的真正起跑線。

（二）養成教育：育一流孩子的秘訣

所謂養成教育，就是養成良好的習慣。好習慣享受終生，壞習慣葬送一生。沒有什麼比習慣養成更重要了。

所謂習慣，即「習慣成自然」、「今天我們養成習慣，明天習慣養成我們」。良好習慣的養成是一次次重複訓練，直到在潛意識中留下深深的「印記」為止。然後，潛意識就會讓我們產生默認的習慣動作。

1. 成才先成人：英才家教的基本方法

「欲教子先正其身，身教重於說教」父母的好榜樣，是最好的無聲的習慣教養。潛移默化的教育是最厲害的教育，是培養一流孩子的關鍵。

英才家教的基本方法很多，如下。

(1) 尊重與讚賞法

讓孩子建立自信。自信是人生的力量，一個人什麼都可以放棄，唯一不可放棄的就是自信。自信是建立在膽量上的，有了膽量，你就會自信地所向披靡！自信心是後天習得的，這無疑給教育和培養人才提供了一個切實可行的方案。倍加培育孩子的自信心吧，尊重與讚賞能激勵孩子的自信。認可、尊重與讚賞能使白癡變天才，過度批評和諷刺，可使天才成白癡。首先，讓孩子明白你是尊重他的。比如，說：「寶貝，跟媽媽一起把玩具收拾一下好嗎？」千萬不要用命令的語氣，否則孩子心裡就會產生反感，即使按你的要求去做，也是不開心的。其二，當孩子把畫或拆紙等捧給你看時，應該用讚賞的語氣肯定他的作品，孩子的表現欲便得到了滿足，有了快樂的情緒體驗，今後會更有興趣。但讚賞是有度的，如果孩子亂畫一通，指出他的問題，鼓勵他再來一遍，也是有必要的。

(2) 惜時惜物惜人法

教孩子誠信做人。誠信是為人之本，是一切價值的根基。誠信讓成功不再遙遠。它顯示了一個人高度自重和內心的安全感與尊嚴感。一個人對遵守諾言要像保衛你的榮譽一樣，所以它是人格的身分證，也是品德教育的核心。即言必誠信，行必忠正。如果你熱愛生命，千萬別浪費時間，因為生命是由時間組成的。一切節省，歸根到底最有價值的節省，就是時間。所以不管是上課、上班、約會等都要準時。「惜物」指愛惜動動和財物。因為，惟儉可以助廉，惟恕可以成德。一個對動物殘忍的人，也會變得對人類殘忍。記住：「勿以惡小而為之，勿以善小而不為」、「人無德不立，國無不興」。

(3) 夢想教育法

珍愛生命才能夢想成真。生命就像五線譜，有高有低，有起有落。有的人，即使在黃昏中，心靈也會洋溢著希望的晨曲。生命不在於活得長短，只有充滿夢想的生命，才是充實的生命、有意義的生命。為了讓孩子的一生更有價值，請家長務必擔起家教的重任，即把夢想和傑出人才的特質種在孩子心裡（詳見本書第三、四章）。最有效的方法是：發自孩子內心的自我心理暗示和自我激勵等。這些方法都需要家長親自學會並教給孩子。正如跳水，一定要讓孩子親身體驗跳下去的感覺，並告訴他「體驗是一切成功的開始」，幫助他體驗，直到成功。

(4) 持久熱情法

信念與態度的教育。信念是對目標實現的觀念，它是將理想、情感、意志、責任融為一體的動力，也是人人都可以支取並取之不盡、用之不竭的最大能量。信念影響一個人的態度，態度左右行動。行動不一定都成功，但沒有信念和行動永遠不能成功。我們關心的，不是孩子是否失敗了，而是孩子對失敗的態度。我們要告訴孩子：「人人都會犯錯誤，犯錯並不可怕，可怕的是不知道自己錯在哪兒？」我們要告訴孩子：你可以忘掉失敗，但不能忘掉教訓；你可以忘掉傷疤，但不能忘卻恥辱；你可以忘掉昨天，但不能忘記歷史；你可以忘掉苦難，但不能忘卻艱辛。讓孩子感受挫折和失敗、感受打壓和痛苦。教育孩子，即使變成一個被踩扁的皮球，也要自己「鼓」起來。結果是行動的價值體現。不論

你有什麼樣的動機，如果沒有良好的結果，你的任何行動，都不會得到社會認可。英才的失敗觀是：知恥而勇，知恥而勝。最好的辦法是埋頭工作，將恥辱、怒火與精力變成積極的行動。失敗是成功之母，悟性是成功之父。信念是成功的支柱，意志是成功的保護。

家教方法還有很多，但要因人而宜。如：故事教育法（不僅家長常講故事，也要訓練孩子講故事）；遊戲教育法（親子互動，讓幼兒是在玩中學，小學生是在學中玩）；情境教育法（創造良好情境，以利孩子改變不良習性）；格言激勵法（根據孩子的年齡特點，選擇恰當的格言、諺語、詩句等，抄錄成條幅，懸掛在孩子的床頭或桌前）；參觀、訪問法（喚起孩子的熱情，鼓舞勇氣，奮發向上）。其他還有：榜樣法、體驗法、情緒疏導法、反覆訓練法、層次目標法、行為契約法、刺激控制法、言傳身教法、環境薰陶法、家校合作法、家庭會議法、持之以恆法等。

2.「放飛的愛」：英才的家教秘訣

沒有良好的習慣，將一事無成。所以「養成教育」是教育的核心問題。養成良好的習慣，是一個持之以恆的過程，要反覆抓，抓反覆，才能有良好的成效。

示例 5-15　放飛的愛：成就了 12 歲的張亞勤

中國科技大學少年班 78 級學生張亞勤，31 歲成為 IEEE 百年歷史上最年輕的院士（國際電子電氣領域最高榮譽），38 歲成為微軟全球副總裁；他擁有六十多項專利，發表了五百多篇學術論文和專著。他在學術界、商界的每一個頭銜，說出來都響亮無比。張亞勤認為，這些都與母親「放飛的愛」有直接關係。

張亞勤

張亞勤，3 歲識字 5 歲上學。1977 年 11 歲時是太原市西山礦務局第二中學初三學生，這個連連跳級的聰明孩子在年底偶然間看到了寧鉑的故事，

他一夜未眠。第二天，他做出了人生的一個重要決定，他也要上中國科技大學。一個月後，他以驚人的學習速度考進了高二尖子班。秋天，12歲的張亞勤如願以償地走進了中國科大少年班。

張亞勤5歲失去父親，從小在母親和外祖母的教育下，學會了獨立學習和生活。成年後他寫了一篇滿懷深情的文章〈放飛的愛〉，回憶母親對他的培養教育：她要求我學習前做好準備，一旦坐下來就要進入學習狀態，快速集中精力思考問題，提高學習效率，不允許邊學邊玩。「培養良好的學習方法和學習習慣及很強的自學能力，需要一個漫長的學習過程和堅持過程。」母親一再強調。她在我成長中付出了很多辛苦，做了大量細緻和具體的指導。我有廣泛的興趣，喜歡做的事很多，繪畫、音樂、體育……這些愛好，在精神上和物質上都得到母親的大力支持。她樂意幫我培養一切美好的興趣和習慣。她不會把我捧在手心，許多事情總讓我親自去做。從太原到合肥，坐火車需要20多小時，中途要轉兩次車。但是，12歲的張亞勤第一次出遠門上大學時，母親不僅沒有送他去學校，甚至連托運行李都是他自己去辦的。

很多心理學家站在理論立場說，「神童」由於年紀小，智力高，跳級等造成他們人生經歷缺失，這將是他們人格不健全和產生心理障礙的必然，故影響其成材。張亞勤的成長證明了這種推理說法不是絕對的「真理」。

筆者從少年大學生成才的基本規律看，昔日神童有卓越成就者，其家長不僅重視聰明才智，同時都很重視孩子的獨立生存能力，做人與做事的能力。即社會化教育。和養成良好的學習與生活習慣，即養成教育。

以上參考本書第三章、第四章。

✎ 本章摘要

本章概述了：家教育英才的困惑與危機，育英才兒童，首先面對的是：家長的教育能力和敏感期教育。專門討論了「成功人士的家教」。最後討論了家

教育英才，輸贏的關鍵問題。呼籲家長在育英才中，不能靠自己慢慢摸索——孩子等不起！更不能靠瞎折騰走彎路——孩子誤不起！家長需要重新學習，以提升自己家教育英才的能力，因為孩子不僅是你一生的財富，教育孩子也是你一生最值得經營的事業。

本章語錄

- 種瓜得瓜，種豆得豆。每一個傑出者的身上，都折射出父母的品行和良好的家教，反之將折射出家長的不良習性及家教的失誤、陳舊、單一等。所以，為了孩子和美好的明天，優化自我、優化社會是我們每個人的責任。

- 家庭教育是人生底色的奠基。每個人不論你是平凡或偉大，乃至貧賤與罪犯等，都與家庭和父母教養息息相關。父母的價值觀、人生觀、為人處世等皆貫穿於教育的基本理念。可以說，家教對一個人的成長所產生的作用是最根本、最持久的，甚至會影響孩子的一生。所以家庭是價值、資訊、態度的第一課堂，也是決定孩子命運的第一課堂，甚至是決定一個民族未來的第一課堂。所以教育改革和英才教育應從家教開始。

- 教子成才，不能靠自己慢慢摸索——孩子等不起！更不能靠旁門左道瞎折騰——孩子誤不起！教育孩子是一個無止境的學習。特別是：父母自身的科學世界觀、人生觀和價值觀，良好的道德品行和習慣行為、豐富的知識和溝通能力等，都是父母終生必學的功課。

- 「教必有方，教無定法，行必有方，為無定法。」

- 英才兒童的父母不一定都是天才或具有很高的學歷，但平等待人、工作勤奮、責任心很強。他們在緊張工作之餘，總是喜歡從事創造性生活。他們給孩子較多的自由，鼓勵孩子自強自立，發展自己的興趣，甚至允許他們去冒險。

- 敏感期是孩子的心理需求，是自然賦予孩子的生命助長力，對孩子日後成才有著奠基作用。如何運用這股有效而神奇的動力，讓孩子暢通無阻

地度過一個個敏感期的發展階段，幫助孩子充滿活力和熱情地完美成長，這是家長的責任。

- 為了適應社會的變遷和發展，社會化是每個人終生的教育。就是學會生存、學會做人與做事。

- 所謂養成教育，就是養成良好的習慣。好習慣享受終生，壞習慣葬送一生。沒有什麼比習慣養成更重要了。

請您深思

1. 古今有哪些「傷仲永」的教訓？家長們為什麼視而不見？
2. 如何看待孩子的逆反和「獨立宣言」？
3. 家教的目標和使命是什麼？
4. 你認為好父母應該是怎樣的？
5. 教子家規應有哪些內容？如何保障這些家規能實現？

Chapter 6

科技英才教育——
探究→反思→再探究

　　一個人或一個事業的發展，都是在不斷地探究→反思→再探究中，不斷成長發展並輝煌起來的。

　　歷史給人啟示和智慧，反省以往的成敗是對生命和事業的負責及拯救。不會從以往的過失中吸取教訓的人，他的成功之路是遙遠的。

從中國科技大學少年班誕生之日起，中國教育工作者就開始了對英才教育的探究→反思→再探究，三十餘年從未停止過。這是一段真實的歷史，它記載並再現了有關中國英才教育的大演變，它讓人在激動不已後反思，提醒有志者在激烈競爭中少走彎路，避免無用的重複，贏得分分秒秒，再尋通向成功的路。

壹、科技神童潮：大中小學起波濤

中國科技大學少年班在古老的神州大地上激起了尋找神童的浪花，千家萬戶培育神童之風驟然刮起，從大學刮到了中小學。

■ 一、中國科大少年班：開創超常教育

「文革」後，面對百廢待興、百業待舉的局面，「四化」要人才，教育要跟上。黨和政府採取了多種舉措，首先於 1977 年恢復了高考制度，億萬青少年歡欣鼓舞。當年，徐遲的《哥德巴赫猜想》以及葉劍英的《攻關詩》，對青少年讀書和愛科學給予了莫大的鼓舞。接著 1978 年初在「全國科學大會」上，中國科技大學首任校長郭沫若發表了《科學的春天》，更是啟動了青少年「向科學進軍」的熱情。同年，鄧小平提出：「必須打破常規去發現、選拔和培養傑出人才。」這一想法進一步推動了對教育的思考，教育事業猶如箭在弦上，有一種緊迫感和使命感。

1978 年 3 月，在改革開放的「科學的春天」裡，在敢於創新的中國科技大學的沃土上，少年班誕生、萌芽並成長起來。它翻開了中國教育史上科技英才教育的首頁。

（一）中國科大少年班：三十餘年英才輩出

中國人的浮躁心態導致急於立竿見影。十年前就有人質疑：「昔日神童今何在」、「至今未見少年班培養出什麼傑出人才」等等。育人的週期不是「一

年樹谷，十年樹木」，而是「百年樹人」。截至 2011 年，中國科技大學少年班
共招收 34 期、零零班招收 26 期，共 2,393 人，其中少年班畢業 1,383 人，零零
班畢業 1,010 人。這一數字還不如當今一個大學的招生人數，但對這個微不足道
的基本數字，人們卻寄予了無限希望。當今它的畢業生幾乎遍布世界主要開發
國家，追蹤起來十分困難。

1. 昔日神童今何在？數百名新星閃爍

　　根據 30 週年的資訊，和學生們相互聯繫的資訊等歸納起來，在一千多名畢
業生中，概況如下：

　　少年班約有近二百位教授、副教授，其中約三分之一在國內工作，其餘在
美國、英國、新加坡等國工作。目前他們中已有 16 人次站在了自然科學某些學
科的最前沿，即榮獲了美國科學院院士或該學科最高獎，如下。

> **示例 6-1**　**中國科大少年班：16 人次頂級科技人才**
>
> 　　目前站在世界自然學科前沿者已有 16 人次，包括：三名 IEEE 院士（國
> 際電子行業最高榮譽）（張亞勤、姚新、謝旻，均 78 少）；二名美國科學
> 院院士（駱利群 81 少、莊小威 87 少）；一名美國醫療資訊科學院院士（張
> 家傑 79 少，世界第一位認知心理學博士）；三名美國國家自然基金成就獎
> （高立新 81 少、邵中 83 少、莊小威）；二名美國麥克阿瑟「天才獎」得
> 主（莊小威、陳路 89 少）；一名生物學斯勞恩獎（駱立群）；一名美國青
> 年科學家總統獎（盧征天 82 少）；一名美國天才科學家獎（江紅雨 83
> 少）；一名美國青年科學家獎（李巨 90 少）；一名優秀青年科學家獎（姚
> 震 88 少）。

　　還有進入世界 500 大企業，並擔任要職的有近百人。

　　以上都是當之無愧的英才。在如此小的基數上造就這批人才，應該是國內
高校成材率最高的（約 30% 以上），隨著時間推移，還會有驚喜出現。

至於他們能否獲諾貝爾獎？目前看來，有一些從事生物科學、遺傳學、腦科學、材料科學的學生，他們已經站在了世界科學前沿。有的師從諾貝爾獎得主（莊小威師從崔琦）。中國科大少年班的女婿（史丹佛大學教授Thomas Sud-hof）2013 年榮膺諾貝爾醫學獎。這位 89 少女生陳路是從事腦科學的，2005 年榮獲美國「麥克阿瑟」天才獎。

現在就算他們之中有人能獲得諾貝爾獎，問題是：都是外籍華人。當今為國外輸送最優秀的學生，已成為中國學校評價成就的公開條件之一，教育該不該反思？縮短中國諾貝爾獎之路的希望是，中國儘早實現「雙重國籍」和本土學者加油！

2. 中國科大少年班：高教改革的先鋒

中國科大少年班自 1980 年代開始，改革從未停過，究竟做了哪些超前的教革？它的意義在哪裡？

(1) 教育體制創新

中國是個盛產神童的國家，個體神童教育自古就有，但少年班揭開了中國群體科技英才教育的序幕，實現了教育體制的創新。

(2) 開創自主招生模式：高校招生改革的先鋒

少年班挑戰了舊的招生制度，開創自主招生模式，只招收高二以下不滿 16 歲的學生，先從參加全國高校招生中選拔最優秀的少年，然後再到中科大少年班去複試，有心理測試、面試及數學、物理、外語等複試及試聽新課（測試其對較深新課的理解和掌握）等。

(3) 宣導通才教育：教學制度創新

突破高考一錘定音的「主修捆綁」模式，學生入校兩年後，再各自選擇自己喜歡的主修和科系。在少年班學習期間，允許他們到高年級課堂旁聽、參加考試，允許單科跳級、橫向選課，甚至校際選課。

(4) 教學管理創新

不限選修和提前畢業。中國科大 1981 年試行學分制，大幅提升了學生學習的積極性和主動性。對少年班頂尖學生的選課不予以限制，使他們在較短的時

間內學完了較多的課程，並可以提前畢業。

(5) 首創雙軌制：輔導員＋導師

少年班並非像有人想像的純屬「批量生產」，因為最好的因材施教是一對一教學。故當學生進入科研時，實行輔導員＋導師（學導）制，讓他們有機會提前接觸科學前沿及科學大師的親自指教。

(6) 建立人才培養系統工程：打破「鐵路員警各管一段」的局面

從大學少年班到中小學的少兒班，這種一條龍式的教育模式是中國科大少年班的一大創新。從 1985 年開始，少年班曾與蘇州中學合辦了中學預備班（每年為少年班輸送一定數量的頂尖學生），從而引發了中小學超常教育，並一發不可收拾，延續至今。

(7) 多模式的超常教育

1984 年，根據鄧小平「電腦要從娃娃抓起」的指示，在少年班內部開創了「少年軟體班」；1985 年又開設了教育改革試點班（即「零零班」），即在所有入學的本科新生中進行數學、物理、外語三門課的入學考試後，參考高考成績，選拔出約三十名優秀學生組成「零零班」，與少年班實行統一教學計畫及合班上課。

以上改革不僅為少年大學生的成長打造了良好的氛圍，成為很多學生人生的轉捩點，同時在三十年後的當今，北大、清華及某些中學的教改中，都在模仿，甚至尚無什麼超越。這足以說明中國科大少年班在高教招生和管理中，那些突破了教育體制、模式、制度等方面的超前、全方位創新改革，得到了諸多學校的認同。這不能不說是少年班的成就。

（二）中國科大少年班：亟待關愛、扶植

根據現任中國科大少年班學院執行院長陳暘教授的報告，少年班沒有停步，仍在前進。

1. 少年班教育：理念不斷完善

少年班對超常教育的認識也是逐步提升的，現認為，大學的使命是：教育

學生追求真理，拓展知識面，培養學生的能力，使其成為具有創造性思維並適應未來社會變化的人。

(1) 教育理念

「因材施教」、「教學相長」、「基礎與創新並重」、基礎「寬、厚、實」、專業「精、新、活」。創新型人才不是用「生產線」可以培養出來的，必須尊重學生的個體差異，因材施教，實施個性化培養。這需要有好學生、好老師、好教材、好制度、好氛圍、好條件和國際合作來支撐。

(2) 實踐與創新：在科研中培養能力

注重加強學生實驗課程的學習，鼓勵學生提前進入實驗室，參與科研項目，培養社會實踐能力。讓學生暑期在研究所實習，培養學生的科學興趣。鼓勵學生積極參與國內外大學生科技競賽，2008 年 2 月至 2010 年 2 月，中國科大少年班先後在 ICM 數模競賽、RoboCup 世界盃模擬賽、建模競賽、國際遺傳工程大賽、美國大學生數學建模競賽等多種國內外大賽中榮獲 18 項大獎。

(3) 2 + 2 式學科平臺：學生擁有專業選擇自主權

學生在校學習分為基礎學習和專業學習兩個階段。前兩年為基礎課程學習，在借鑑國際高等教育先進模式下，讓學生首先集中學習數學、物理等基礎學科，使學生具備扎實的基本功；然後「學生指導小組」請不同學科的教授舉行系列講座，組織學生參觀校內和中科院的大型開放實驗室，讓學生對主修有較深刻的認識後，再根據自己的興趣與志向，在全校範圍內任選主修。後兩年在導師指導下進行個性化學習和科研實踐。

(4) 打造優良的學習環境

大學是不同尋常的社區，眾多卓越非凡的天才聚集在一起去追求他們的最高理想，他們保持著對自然的好奇和興趣，並從已知世界出發去探究和發現世界及自身未知的事物。對於個人和社會而言，沒有比這更有價值的追求。中國科學技術大學擁有優良的校風和濃厚的學習氛圍，少年班是全國優秀少年學子匯集的地方，學生們在學習上你追我趕，形成了一個較高的競爭平臺。

2. 英才教育的大旗：需要珍愛、扶植

少年班是中國英才教育的一面旗幟，它不僅需要高高舉起，還需要關愛和扶植。少年班在中國科大的校園裡，比起那些大系（現都改為學院了）並不是主流，但它對中國教育有特殊意義。1980 年代，筆者在少年班工作時，主管少年班的辛厚文副校長在迎新會上多次提到：「少年班是一流的學生，二流的老師，三流的管理……」（其實也不完全是二流的老師，那時教數學的張鍔堂老師，至今讓畢業生讚不絕口。）這個警鐘並未引起重視，1980 或 1990 年代的領先改革，目前在中國很多中學早已普及且有超越，若還在原有基礎上修修補補，沒有大的改革，將被別人甩在後面，希望倍加重視。

面對激烈的生存競爭，加強緊迫感的自我意識，是站在前排的關鍵，如：

(1) 招生辦法：亟待新的突破

少年班不是生活在真空裡，隨著社會功利化的氾濫，少年班招生品質今不如昔。雖然報名者很多，但招生篩選的辦法若沒有更新、更科學的突破，「一流的學生」很難保障。

(2) 教育管理：亟待開放更新

少年班需要打破封閉，走向開放。請進來，走出去，不論領導還是一線的班主任老師，都應與外界加強學術交流，以提升教育理念與管理水準。

(3) 教育發展：亟需有豐富經驗的專家指導

在這個瞬息萬變的時代，面對複雜的教育問題，光靠自己摸索，太慢！少年班要有自己的教育學和心理學的學術團隊，甚至有大師級的人物。校領導應重視招聘國內外有英才教育經驗的專家，定期或不定期到校指導工作，以利少年班發展。

總之，中國科大少年班是否還能走在高教改革的前列？這面紅旗是否還能高高舉起？就看校方如何珍愛和扶植了。

■ 二、科技神童潮：1985 年後波濤滾滾

中國超常教育在鄧小平的關懷下，急劇升溫，幾成燎原之勢，曾一度成為

中國父母談論的熱門話題，也成為新聞媒體追捧的焦點新聞。

　　1984 年 8 月 16 日，鄧小平在北戴河興致勃勃地會見了諾貝爾物理學獎得主丁肇中教授，當丁教授暢談造訪中國科大少年班的感受後，鄧小平說：「少年班很見效，也是破格提拔，其他幾個學校都應辦少年班，不知辦了沒有？至少北大、清華、復旦、交大應辦一點少年班。」1985 年 1 月 26 日，原國家教委根據鄧小平講話做出了決定：北大、清華、北師大、上海交大、復旦大學、浙江大學、南京大學、南京工學院、武漢大學、華中理工大學、西安交大、吉林大學等 12 所重點大學可開辦少年班，加上中國科大共 13 所大學招收少年大學生。

（一）逐鹿神童：著名高校出傳奇

　　中國大學的少年班教育，在最高領導的關照下蓬勃發展。一時之間著名學府「搶神童」成風，高招與傳奇事件頻出。請看這種迷茫中的探索。

示例 6-2　5 歲神童小津津：面對于光遠教授考問

　　1985 年 1 月 11 日下午，武漢大學行政大樓兩間會議室正在進行著一場特殊考試，主考官是著名經濟學家于光遠教授，考生是約 5 歲的小津津。

　　考試開始了。小津津先用英漢兩種語言介紹了武漢大學的概況，接著背誦了蘇軾名作《留侯論》。于教授大吃一驚，想再試試小津津的理解力，發問道：「『宰相』一詞是什麼意思？」

　　小津津不慌不忙地說：「像爺爺你這樣的人就是『宰相』！」真絕妙！

　　于教授又問：「世界上有沒有無窮大的數？」這似乎是一道有趣的數學智力題。小津津思考片刻後，果斷答道：「沒有。」「為什麼？」于教授追問。

　　「假定無窮大的數是 n，那麼 n＋1 便大於 n。」答得簡明扼要。

　　老教授十分欣喜，讚嘆道：「了不起的神童！」武漢大學如獲至寶，四天後小津津正式成為「智力超常預備學員」，並成立了以高教權威衛道治教授等為核心的教育小組，專門為她制訂了特殊的教學計畫⋯⋯

這段中國超常教育史上的傳奇事例，曾引起不少人的好奇。後來，武大發現小津津基礎不夠扎實，如：會說英語，但文法沒過關；會解一元二次方程式，但對最小公約數和最大公倍數弄不清。為此，武大決定讓她在附小四年級補課。但其父不同意，雙方產生了分歧和矛盾。1985 年底，津津離開了武大……此後便不知所蹤了。

示例 6-3 「從娃娃抓起」：清華的博士

李勁是上海的非凡少年，從小學五年級起就開始接受電腦訓練。1984年 4 月 8 日，鄧小平在上海參觀十年科技成果展覽，見兩個孩子用自己編的程式讓機器人表演下棋、唱歌時，就走過去與他們親切交談。鄧小平摸著其中一個稚氣未脫的小男孩的頭，語重心長地說：「電腦要從娃娃抓起。」這個幸運的小男孩就是李勁。

李勁初中時就已是全國數學競賽、上海市物理競賽的冠軍，1986 年以滿分摘取了全國青少年電腦競賽的桂冠。翌年剛讀完高一的李勁（16 歲），就被清華大學挖走了。清華校長張孝文親自主持制訂了特殊培養計畫。他三年讀完了本科，23 歲成了我國最年輕的博士，並已成為國內圖像編碼領域小有名氣的專家。

示例 6-4 **CUSPEA** 冠軍：復旦少年

復旦少年班第一期學生陳洛祁，畢業於南京師大附中，高二已自學完大二數理課程。大一時看小說、下圍棋、打橋牌，輕鬆瀟灑。大二時便報考李政道發起的、令千萬神州學子垂涎的赴美物理學博士考試（CUSPEA），其難度讓人望而卻步。在高手如雲的競爭中，他一馬當先，以 217 分摘取了全國冠軍。翌年 9 月，這位天才少年便飛越重洋，到著名的普林斯頓大學攻讀博士學位了。

以上是當年在中國全國高校產生過轟動效應的事例；其他高校也各有招數與傳奇，篇幅有限不再列舉。總之，一時之間，一批具有非凡才智的少年，為高等學府帶來了強勁的震撼和衝擊。少年班這一教育改革的奇葩開放在十餘所著名高校中，並沖出校園向神州大地輻射。

（二）中小學少兒班：超常教育延伸

為了與大學的少年班接軌，1985 年中國科大在蘇州中學成立了少年預備班後，全國不少中學自發地成立了「少兒班」乃至「理科實驗班」等。1991 年，北京第八中學領頭成立了「全國中學超常教育研究協作組」，每年召開一次會議。2000 年前後，有三十餘所中學參與，此後又有了與中學超常教育接軌的小學超常教育實驗班。天津實驗小學及北京育民小學分別於 1984 年、1995 年開辦了學制為四年的超常教育實驗班。中國超常教育有了大學、中學、小學一條龍的教育體系。

1. 北京八中少兒班：中學英才教育的先行者

北京八中少兒班，從 1985 年至今，新老校長對中學英才教育的研究、開拓和教育實踐從未停步，不管是風裡雨裡，他們始終高舉大旗開拓前進！

示例 6-5　**北京八中少兒班：德智體全面發展**

1985 年，北京八中與中科院心理所、北京市教科所開創了四年彈性制的理科少兒班。四年完成小學五年或六年和初中三年、高中三年的學業。招收 10 歲左右、具有小學四年級文化水準的智力超常生，平均 14 歲參加高考。截至 2012 年底，已招 18 屆，共 579 名學生，已畢業 439 名。有專職教師 10 人，專職管理人員 1 人（王俊成、何靜，2013）。

招生選拔：超常兒童的鑑別。分三個層面來考查學生的先天素質、學業水準和能力，以及日後發展的潛能。

制度和課程改革：必須面對的艱難課題。怎樣把智力超常兒童的巨大

發展潛力和可能性變成現實？如何使他們在身心健康的同時，於四年完成8年的學業？他們分析了超常兒童的特徵和成長規律，以及未來社會對人才的需求等，在此基礎上因材施教、大膽改革。首先，設置科學課程，大膽改革教材。在注重語言能力、數學思維能力及其他能力的培養時，強調基本原理教學，嚴格控制課時及學生負擔，做到重學習指導，重自然科學及人文藝術的教學。

注重德育實效。強調「先成人、後成才，不成人、寧無才」的德育思想。智力超常的犯罪，對社會是可怕的破壞。家教中的「重智輕德」和「過度保護」，使有些超常兒童表現出自我中心、責任心差、不良習慣多、心理問題多等情況。為此，北京八中開展了家校配合、社會調查、主題班會等多種教育形式。

開創自然體育課，提升學生身體素質和意志品質。除定期體檢外，學校還組織學生越野、登山、滑冰、划船、騎車旅遊等。體育教給孩子遵守規則的法律意識、互助合作、激勵和團隊的領袖才能、必勝的決心和競爭的勇氣、正確地面對失敗、尊重對手的公正精神等。這些正是市場經濟社

北京八中少 12 班
自然體育課：登上黃山

會中基本的遊戲規則，是培養領袖的必修課。體育在西方自古以來就是精英教育的核心。

首屆少兒班共有 34 個學生：18 人留學國外，其中 10 人共拿了 12 個博士學位，8 人共拿了 11 個碩士學位；有 4 人在美國大學任教授，1 人在日本大學任教授，1 人在美國國家實驗室當研究員，1 人獲美國自然科學基金會青年科學家獎……。

留在國內的 14 名學生，3 人拿了國內的博士學位，3 人拿了國內的碩士學位……。

2. 全面開花：人大附中開先河

人大附中對中國超常教育是有很大貢獻的，尤其是在教育理念、教材及管理等方面，都有其獨道之處。

示例 6-6　多元開拓：成就突出

1985 年，人大附中開辦首屆超常兒童實驗班，是中國最早進行超常教育實踐與研究的中學之一。目前已形成較為成熟的實驗教材、理念和做法，及小學、初中、高中「一條龍」的超常兒童培養體系，擁有一支高素質的教師隊伍，培養出一批又一批出類拔萃的人才。

人大附中超常教育實驗教材

在學制上，人大附中走過了一條從初高中四年制到五年制再到六年制到最終實行彈性學制的發展之路。現任校長劉彭芝是人大附中超常教育實驗研究的開創者、參與者和領導者，她認為，超常教育必須尊重孩子身心發展的規律，培養的不僅是智力超常的人，而且是德智體全面發展的人。

在學習內容上，從只重視數學到多學科發展，以發揮學生的特長和興趣為目的，進行一系列的課程改革，增設了與現實生活聯繫緊密又能提高學生各種能力、有利於學生可持續發展的選修課和科研社會實踐活動，以培養學生的創新精神和實踐能力。

在超常兒童的選拔上，從只重視學生的學習成績到注重各種特長和技能，從只偏重智力因素發展到智力、非智力因素兼顧考慮、雙重並舉。人大附中認為，超常兒童是多元的、潛在的，超常兒童是那些在科學、語言、工程、技術、音樂、舞蹈、體育、表演、繪畫、領導力、創造力等某一方面或某幾方面具有超常潛能的兒童。在選拔方式上，他們從形式單一的結果判斷，發展到培養與選拔相結合的過程性評價，已逐步形成了一套合乎

科學、行之有效的獨特選拔方法。

在超常兒童的管理上，針對學生個體的智能差異，採用數理和語言智能超常的兒童集中編班，文藝、體育等智能超常的兒童分散編班、課餘集中訓練的模式，形成集體教育與個別指導相結合、集中授課與靈活選擇相結合的多層次學生管理模式。

2010 年，經上級主管部門批准，人大附中成立拔尖創新人才早期培養基地，至今已有三屆基地實驗班學生入學。他們將在超常教育的道路上繼續前行。

中學少兒班的超常教育，還有很多典範值得推廣，如江蘇天一中學、東北育才學校、天津耀華中學、深圳中學、新鄉一中等，不再一一列舉。

貳、反思超常教育：自身發展的智慧

反思是自我教育的一種智慧，也是發展必不可少的智慧。

2000 年前後，社會上對超常教育的非議和質疑愈來愈多，人們質疑最多的話題就是：超常教育的典型模式——少年班教育是否成功？這要從以下方面說，一是少年班本身的成敗，即是否培育出科技頂尖人物？其二，即使科技方面有了諾貝爾獎得主，也都是「美籍華人」，這算成功嗎？其三，少年班這一模式能否在中國推廣？以下是就這些話題的反思。

■ 一、超常教育：自我迷茫與反思

三十餘年超常教育的實踐顯示，由於自我迷茫，我們的路沒能愈走愈寬。1993 年某政協委員的一個提案讓媒體開始質疑超常教育，反思不是否定自我，即使有再大的功勞，也需要反思，反思會讓我們變得更聰明。

（一）大學少年班：從 13 所到 3 所

1986 年後，一個意料之外和意料之中的教育事件，引發了人們對超常教育種種問題的進一步思考。

1. 全國高校少年班紛紛關閉

清華大學少年班：從成立後的第二年便沒有出現令人鼓舞的門庭若市的報名景象。該年考生僅有 37 名，勉強錄取了 17 名，而且一些學生的素質欠佳，教學工作很難按計畫開展。

- 北師大少年班：以高考成績為錄取指標，並對部分少年大學生進行了智商測驗，其平均智商沒有達到超常兒童的智商標準即 IQ 125 或 IQ 130 以上。根據有關部門研究，我國高考的信度、效度、難度和區分度等指標都不甚理想，僅憑高考成績選拔低齡少年，很難保證其真正超常。

- 復旦大學少年班：誠如許征副校長所說，85 級少年班是復旦的一個「傳奇」，之後的「少年」大學生再無組班，再後來復旦不再招收少年生，85 級少年班成為絕唱。

- 上海交大少年班：因「生源範圍愈來愈窄，品質也逐年下降」，上海交大停止了已持續十五年的少年班招生。他們認為，少年班學生有一個通病：數學很好，人文學科與英語相對薄弱，綜合能力較差，從平均水準來看，少年班學生沒有特別的實力。

- 武漢大學少年班：招生負責人認為，最重要的原因是：一些中學「金屋藏嬌」，他們把頂尖生留下來，以便在全國高考、競賽乃至國際大賽上去奪高分、金牌，為學校爭光，若提前一年送給少年班，則什麼榮譽都沒有了。

- 其他大學的少年班：還有一些大學因為辦少年班的高校過多，加之宣傳組織跟不上等原因而關閉。至今除中國科大少年班之外，尚有 2 所大學仍堅持開辦少年班。

2. 少年班向中學轉移：西安交通大學

西安交大少年班堅持至今，從 2004 年開始，西安交大少年班從初中應屆畢業生中選拔，採取自主命題、獨立招生的方式，不參加全國統一高考，單獨招考，一考免三考。

示例 6-7　**西安交大少年班：堅持改革到今天**

目前，西安交通大學少年班實行「預科＋基礎通識＋寬口徑專業」八年精英人才培養模式。該校副校長程光旭介紹，少年班培養特色：一是兩年預科由交大附中培養，主要目的是使學生掌握高中各學科和部分大學學科的基礎知識，突出對學生進行人文、科學素養和創新實踐能力的培養。兩年後成績合格者升入大學本科學習。這樣使學生把握了高中知識與大學知識內容的關聯性，實現了由中學學習向大學學習的無縫接軌。另一個是學碩階段培養，實行「本科—碩士」貫通培養模式。大學基礎通識教育兩年，專業教育四年，主要是培養研究型學習能力、實踐能力和創新能力。學生八年完成初中、高中、本科、研究生課程，碩士畢業時在 20 歲左右，正是精力充沛、富有活力、易出成果的年齡。

西安交大少年班培養了一批優秀人才，有二十餘名已經成為國際一流大學的終身教授。如：

鎖志鋼，哈佛大學教授，國際知名學者，美國工程院院士。

陳曦（94 少），2007 年度美國總統科學獎得主，是 2007 年度全美固體力學和材料力學類唯一獲此殊榮的學者，時年 31 歲；現任哥倫比亞大學奈米力學研究中心主任。

鄭海濤，15 歲考入西安交大少年班，2005 年 12 月登上 MIT《科技回顧》雜誌，進入未滿 35 歲位居全球前 35 位科研創新前沿的女士之列。

其他：如周鴻禕（92 少），1998 年創建 3721 公司。2004 年出任雅虎中國區總裁，被評為「2001 年度中國軟體企業十大領軍人物」等等。

3. 混合班的教育：東南大學

東南大學也是從 1985 年 9 月成立了少年班以來堅持至今的學校。

示例 6-8　東南大學少年班：埋頭自身建設

隨著教育改革的不斷深入，1987 年 6 月少年班改由無線電系管理。1990 年，少年班改稱為強化班，生源擴展為由應屆保送生及已錄取新生中的優異生和特招少年生共同組成。2004 年 2 月，東南大學成立吳健雄學院，旨在鞏固原有強化班的基礎上，樹立精品教育理念，尋找人才培養模式的新突破點，成為教學改革和試行高層次人才的重要基地。同年，依託學校強勢學科，成立電子資訊類強化班、機械動力類強化班。2006 年 8 月，以東南大學建築學和土木工程兩個強勢學科為基地成立了「楊廷寶班」，實施「長學制分流式」的土建類綜合創新人才的新模式。2007 年 8 月，開設高等理工實驗班，實行單獨招生、獨立編班、導師指導、高才教育、特殊培養的方式。

首屆 32 人中湧現出了一大批各行各業的精英。如：

孫曉東：僅用 3.5 年的時間學完了別人 6 年才能完成的課程。之後，他又進入加拿大滑鐵盧大學統計系攻讀博士學位，1995 年 6 月，正式擔任貝爾實驗室研究員，攀上了又一高峰。

顧忠澤：以第一名的成績考取日本東京大學應用化學系，曾獲日本青年科學家研究獎勵基金。現為東南大學生物科學與醫學工程學院教授、「長江學者」、五四青年獎章獲得者……。

其他，如：美國思科系統（Cisco Systems）高級工程師鄭宇虹、新加坡南洋理工大學中國策略辦公室主任陳濤、諾基亞中國高級經理龔文菲、通用電氣（GE）中國研發中心高級經理蔡益民、蘇州天園景觀藝術工程有限公司總經理張平、江都市副市長張彤等。

（二）中小學少兒班：處於爭議中

　　人才培養是從大學開始還是從小幼抓起？中小學應不應該開展超常教育？這些一直是有爭議的問題，爭議來自以下幾個方面。

1. 教育公平：支持中小學英才教育的依據

　　人與人之間由於遺傳和後天生存環境的不同，造成了各種差異，有差異就有差異教育，爭取對個體差異的教育公平，是當今世界各國的共同追求。所以，面對不同人群的教育公平是深層意義上的教育公平。正如臺灣教育家吳武典教授所說：「向所有人提供單一程度的教育機會，其實是不公平的。為了做到真正的機會均等，學校應提供多元化、多層次的學習經驗，讓所有的兒童與青少年發展其才藝、能力與最高程度之潛能。」通俗地說，人有飯量大小，定量分配是不公平的，要讓飯量大和飯量小的人都能吃飽和吃好，才算公平。有殘障兒童存在，就有殘障教育；同樣，超常兒童也是存在的，就應該有超常教育。因此，從教育公平的角度講，中小學也應有英才（天才）教育。

2. 標籤有害無益：反對中小學英才教育的理由

　　超常教育是針對超常兒童的教育。首先要選拔超常兒童，才能辦超常班，關鍵在於能否把真正有天才遺傳基因的人選拔出來。像愛因斯坦、愛迪生、華羅庚、蘇步青等大器晚成者，從小都不是超常兒童，他們都被拒之門外。同時，14、15 歲以前是形成個性的關鍵期，可塑性非常強。故有人認為，先貼標籤有幾大危害。其一，打擊一大片。少數貼上「神童」、「超常兒童」標籤的孩子從小就產生優越感，自認為高人一等；而大多數未貼上「神童」、「超常兒童」標籤的孩子從小就會產生自卑感。其二，標籤導致高期望。即認為精心選拔出來的超常兒童一定是未來世界的一流人才。其三，把大器晚成的非超常兒童拒之門外。其四，名不副實。很多學校並不具備辦英才班的條件（特別是老師水準不足及班級人數過多），實為超級升學班，有損英才教育的品質和名聲。

3. 教育政策：基礎教育能否「選才」？

《中國青年報》2012 年 7 月 15 日報導：合肥一中「創新人才班」、合肥八中「資優生班」被緊急叫停。理由是：「論證不足，時機尚未成熟」，不符合《義務教育法》規定的義務教育階段「學校不得採取入學考試或者測試等形式選拔學生」以及縮短學制不利於學生的身心健康和長遠發展等。也正是基於以上政策，中小學超常教育常被「一刀切」地叫停。

這種「一刀切」是典型的一元化模式教育，是教育公平的殺手。殘障兒童和英才兒童都是客觀存在的，既然能為殘障兒童開辦特教學校，為什麼不為英才兒童開設實驗班呢？一個省（市）有一兩個學校開辦實驗班遠比殘障學校少得多，教育應該適應每類孩子乃至每個孩子的發展需求，而不是讓孩子去適應現有的一元化教育。這既不符合當今世界教育的潮流，更不符合多元化社會的發展，值得教育決策者反思。

4. 平凡與偉大：中小學超常教育的導向

一般的中國人認為，超常人才皆處於「高、精、尖」行業。因此在中國孩子心中種下了，只有當高官、大科學家、大企業家，掌管大權、發大財才算有抱負的、成功的超常人才。所以，孩子們都去擠高考的獨木橋，很少有人願上技工學校。為了「不能輸在起跑點上」，從小苦讀書，還要接受有關訓練，如當前最時尚的「領袖才能訓練」等，進一步強化了當官掌權的意識及唱高調、不務實的作風。每一個專業都因社會需要而存在，「高、精、尖」也會轉化，今日的「高、精、尖」，也許就是明日的大眾化，電腦從神秘到普及就證明了這一點。

■ 二、超常教育：遭遇了什麼難題

在肯定歷史意義的前提下，我們必須反思：為什麼超常教育從熱炒到質疑？從政府支持到民間「游擊隊」？大學少年班從 13 所到 3 所，中小學少年班堅持至今的也屈指可數，為何路愈走愈窄？它究竟遭遇了哪些主客觀的難題呢？

（一）主客觀難題：都不能迴避

1. 主觀難題：找自己的短處

這是一次和自己的心靈做鬥爭的過程，即揭自己的短，這是很艱難和很難堪的，但這種勝利則標誌著一種智慧。

(1) 定義和理念沒經過嚴格的論證

客觀上，我們的思想還沒有被完全解放，在沒有絲毫實踐經驗和參考資料的前提下，匆匆提出一整套定義和理念，是強人所難。

「超常」二字長期不被民眾和政府認同。「超常」常被誤解為超長、異常或超出常規。兩個「綱要」中，仍不認同超常教育，使超常教育處於尷尬境地。

從國外拿來的理論不適合中國國情，讓教育之路變得狹窄。其一，大國、窮國辦教育往往只關注貧困兒童的教育問題，而少數超常兒童的教育問題往往被忽視。其二，教育依據難操作，評估無具體條件，最後淪落為以升學率為標準。這一做法致使很多中學在爭生源中走上了「超級升學班」之路。

(2) 定義與現實的衝突

諸多現實告訴人們：愛因斯坦、奧托‧瓦拉赫、唐納德‧克拉姆、小柴昌俊等傑出人才，他們從小都不是超常兒童，甚至可以說是「差生」。所以，超常教育把這些大器晚成的天才們都拒之門外了。同時，那些選拔出來的超常兒童經過超常教育，最終不一定都能成為傑出人才，故引發質疑。

💡 **思考活動 6-1**

你認為以上主觀難題有無道理？為什麼？客觀難題又是什麼？請寫在下面。

_____

_____

_____

_____

_____

2. 客觀難題：大環境不成熟

(1) 政策和民眾意識：社會大環境無保障

首先，《義務教育法》規定在義務教育階段不得以各種形式選拔學生，限制了超常教育的發展。其二，人們對天才的愛＜恨（文化），所以常遭一些學者專家攻擊和質疑。

(2) 超常兒童：難邁的鑑別門檻

鑑別超常兒童是全世界都在探索的難題。雖然我們已經很努力了，但一直沒有適合超常兒童鑑別的、可以推廣的工具，加之缺資金、缺資料、缺測試人員及師資等，這些難題，致使 10 所大學少年班及諸多中學少兒班停辦。

(3) 經費捉襟見肘：無力研究難題

如，有人質疑少年班是否占用過多的資源？首先，少年班至今無一絲豪華。因無可觀的經費作為後盾，無力登招生廣告，使社會誤認為少年班停辦了；其次，無力展開有關研究，乃至老師們因無力參與國內外交流而孤陋寡聞，直接影響這一事業的發展。即所謂「巧婦難為無米之炊」，是最簡單的道理。

(4) 社會急功近利：生源品質難以保障

在超前教育、應試教育的「催生」下，人造「神童」的正劇、喜劇、悲劇，不停地上演著。有的「逼子成才」，有的急於「曝光」出名，有的遷戶口、塗改年齡、模擬強化訓練等。在無比浮躁和功利的環境之下，泥沙俱下、魚目混珠，一些貌似科學而實際並不科學的東西充斥於市，給大中學校「少年班」招生帶來了諸多麻煩。

(5) 社會認知浮躁：威脅教育品質

從「及早廢止少年班」的議案提出開始，就有人質疑少年班至今未出一個頂級科學家，還有必要辦嗎？豈不知「十年樹木，百年樹人」的道理嗎？這種對教育「立竿見影」的急切心情，可以理解，但浮躁害死人！

以上種種，不僅導致 10 所大學少年班及諸多中學少兒班停辦，也嚴重阻礙了僅存的、屈指可數的幾所學校少年班的存活與發展。

（二）「三個神童」：值得多方反思

1980 年代有三個家喻戶曉的神童，幾乎是整個國家絕對的明星：13 歲進入少年班的寧鉑（出家了）、12 歲進入少年班的干政（與世隔絕了）、11 歲進入少年班的謝彥波（有心理問題了）。其實這三個神童的命運值得多方面反思。

示例 6-9　**謝彥波、干政：優異成績，敗於為人處世**

謝彥波的有關情況，詳見第四章。

干政，12 歲考少年班時，招生老師問他，對一個西瓜橫豎各切多少刀，那麼會留下多少塊西瓜？數字不斷上升，干政卻始終對答如流，直到招生老師稱其為天才。1981 年，干政在全國 ASBEA 考試中榮獲第二名；1982 年，他去美國普林斯頓大學攻讀高能物理博士，因與導師關係緊張而回國。中國科大物理系願接收他回校讀博士，但他拒絕了。幾年之後，在家賦閒已久的他又表示想到科大工作，科大沒同意。後因長期找不到工作，精神狀態時好時壞，最終禁錮在家，與世隔絕。

主要是家庭、學校只重智力而忽視了社會化教育，造成性格缺陷，有什麼樣的性格就有什麼樣的人際關係；加之少年班學生自視甚高，老師及媒體的熱捧成了捧殺。總之，學校、家庭、社會都有不可推卸的責任。

示例 6-10　**換個視角看寧鉑：佛教也需要「大師」**

凡是談論中國科大少年班或「神童教育」等，寧鉑的名字就會出現。可以說，沒有第一神童寧鉑，就沒有大學少年班及其相關改革。

寧鉑對中國一代少年奮發學習、夢想成為科學家的影響是強烈的，他對少年班教育及早期教育的啟示，也是功不可沒的。

寧鉑喜歡天文、中醫、圍棋，不喜歡物理。現實卻無情地將他與理論

物理捆綁在一起。寧鉑說，媒體的過分宣傳，使他心理壓力很大，總想做得像宣傳的那樣完美，但總不理想，心裡很痛苦。19歲時，他以中國最年輕的大學老師登上講臺，但他卻醉心於佛學研究，遁入空門不回頭。

修行點滴：2003年，寧鉑在山西五臺山披上了一襲袈裟，法名是淨慧法師。一位剛大學畢業的寺廟居士說，只要有人朝淨慧法師頂禮，他會立刻跪在地上還禮。他說能做好沙彌戒就很不錯了。吃飯時，這位居士給大家打飯，不小心把米飯掉到地上，在眾目睽睽之下，淨慧法師毫不遲疑地彎下腰，把那個飯糰撿起來放到嘴巴裡，吞嚥下去。天冷了，淨慧法師的赤腳上長出了凍瘡，一身單衣，凍得嘴唇發紫，卻沒有見他多穿一件衣服。

淨慧法師利用電腦編寫佛教文章，並在各大寺院講經傳道，他講課的語速很快，記憶力驚人，從不翻教材，卻能說出哪個內容在教材的哪一章哪一頁……。

少年班學生曾說：「如果寧鉑能成為佛教大師，對中國有什麼不好？憑什麼認定寧鉑不能成為下一個李叔同？」但是如果當時少年班的教學制度比較靈活，能夠讓寧鉑的興趣得以發展，那麼可能會出現一個不一樣的寧鉑。

參、科技傑出人才：科教興國之首

1995年5月6日頒布的《中共中央國務院關於加速科學技術進步的決定》，首次提出在全國實施科教興國戰略。2005年7月29日至今，直面「錢學森之問」，成了一個沉重而不容迴避的問題。

■ 一、科技英才危機：強國的難題

三十多年了，我們的科技傑出人才現狀如何呢？讓我們以「國家科學技術獎」為參照系來看看吧。

　　1999 年，國務院頒布《國家科學技術獎勵條例》，下設五項國家科學技術獎，即國家最高科學技術獎、國家自然科學獎、國家技術發明獎、國家科學技術進步獎、中華人民共和國國際科學技術合作獎。這些獎項每年評審一次。其中，第一項獎和第五項獎不分等級，其他三項獎分為一、二等獎兩個等級。

（一）國家最高科技獎：平均 83.5 歲

　　國家最高科技獎、國家自然科學獎、國家技術發明獎代表了中國科技在國際前沿競爭的最高水準，但是設獎以來多次出現從缺。

1.國家最高科學技術獎：從 2000 年至 2013 年共 24 位

　　獲獎者必須在當代科學技術前沿取得重大突破或者在科學技術發展中有卓越建樹；在科學技術創新、科學技術成果轉化和高技術產業化中，創造巨大經濟效益或者社會效益。報請國家主席簽署並頒發證書和獎金（獎金 500 萬元人民幣），每年授予人數不超過 2 名，從 2000 年至 2013 年共有 24 位著名科技專家先後獲得中國國家最高科技獎殊榮，獲獎者年齡最大的為 95 歲，最小的 64 歲，平均年齡 83.5 歲，其中 2004 年從缺。

　　他們分別是：袁隆平、吳文俊、黃昆、王選、金怡濂、劉東生、王永志、葉篤正、吳孟超、李振聲、閔恩澤、吳征鎰、王忠誠、徐光憲、谷超豪、孫家棟、師昌緒、王振義、謝家麟、吳良鏞、鄭哲敏、王小謨、張存浩、程開甲（人民網—科技頻道手機看新聞，2014 年 1 月 10 日）。

　　他們當屬國際前沿的傑出人才，但獲獎者的平均年齡是 83.5 歲，這與我們這個教育大國極不匹配。

　　讓我們看看 2013 年的獲獎者吧。

示例 6-11　張存浩：高度謙遜的物理化學家

　　1928 年 2 月 23 日生於天津，1947 年畢業於中央大學化工系，1950 年獲美國密西根大學碩士學位，1980 年當選為中國科學院學部委員（院士）。現為中國科學院大連化學物理研究所研究員。我國著名物理化學家、高能化學鐳射的奠基人、分子反應動力學的奠基人之一，長期從事催化、火箭推進劑、化學鐳射、分子反應動力學等領域的研究，取得了多項國際先進成果。同事叫他「張著急」，因為他總是急國家之所急，敢於完成國家急需的任務。他是一個風度翩翩的「充滿自信的，又是高度謙遜的真正優秀的科學家」。如今，他不顧年事已高，仍活躍在科學研究最前線，繼續追尋著他那強國富民的科學報國夢。

張存浩

示例 6-12　程開甲：以身許國的物理學家

　　1918 年 8 月 3 日生於江蘇吳江，1941 年畢業於浙江大學物理系，1948 年獲英國愛丁堡大學哲學博士學位，1980 年當選為中國科學院學部委員（院士）。曾任浙江大學、南京大學教授，第二機械工業部核武器研究所副所長，國防科工委核實驗基地研究所副所長、所長及基地副司令員。中國核武器研究的開創者之一，在核武器的研製和試驗中貢獻良多。

程開甲

　　他對諸多崇高榮譽的詮釋是：「我只是代表，功勞是大家的。功勳獎章是對『兩彈一星』精神的肯定，國家最高科學技術獎是對整個核武器事業和從事核武器事業團隊的肯定。我們的核子試驗，是研究所、基地所有參加者，有名的、無名的英雄們在彎彎曲曲的道路上一步一個腳印去完成

的。」

（資料來源：人民網─科技頻道手機看新聞，2014 年 1 月 10 日）

2. 國家自然科學獎：2000 年後共四項獲一等獎

授予在基礎學科（如數學、物理、化學、天文學、地球科學、生命科學等）的研究中和在應用基礎學科（如資訊、材料、工程技術等）的研究中，對闡明自然現象、特徵和規律做出重大科學發現的中國公民（不授予組織）。該獎設一、二兩個獎勵等級，寧缺毋濫。一等獎是中國自然科學領域的國家最高獎。2000 年之前，有 24 個項目獲一等獎。從 2000 年至今的十二年中，空缺 8 次，只有 4 個項目獲一等獎，其中有：2002 年有機分子簇集和自由基化學的研究，2003 年澄江動物群與寒武紀大爆發，2006 年介電體超晶格材料的設計、製備、性能和應用，2009 年《中國植物志》獲自然科學一等獎，2013 年「40K 以上鐵基高溫超導體的發現及若干基本物理性質研究」問鼎國家自然科學（http://wenku.baidu.com/link? url=rtYr8jW8LWvfW6fJ... 2012-02-15）。

3. 國家技術發明獎：連續六年出現空缺

該獎設立於 1979 年，授予運用科學技術知識做出產品、工藝、材料及其系統等重大技術發明的公民。「重大技術發明」應當具備三個條件：前人尚未發明或者尚未公開；具有先進性和創造性；經實施，創造出顯著的經濟效益或者社會效益。但從 1998 年到 2003 年，該項一等獎已連續六年出現空缺。

（二）知識精英外流：回流政策競爭

2006 年 6 月 2 日，聯合國教科文組織最新公布的統計數字顯示，中國目前是世界上出國留學生人數最多的國家，全世界幾乎每七個外國留學生中就有一個中國學生。2007 年，中國社科院發布的《全球政治與安全》報告顯示，中國流失的精英數量居世界之首。目前，在美華人已突破 400 萬，其中，持綠卡者53 萬，入美籍者近 350 萬。在加拿大、澳洲、紐西蘭、新加坡幾大老牌移民國，中國亦是輸出人才移民最多的國家。

1. 留學熱高溫不下：大眾化、低齡化、廣泛化

中新網北京 9 月 17 日電：17 日在北京發布的《中國留學發展報告》（2012）藍皮書表示，1978 至 2011 年，中國共送出了 224.51 萬留學生，成為全球最大留學生輸出國。而同期留學回國人員總數達到 81.84 萬人，回歸率為 36.5%，超過六成留學生滯留海外。

藍皮書指出，目前出國留學的新特點是：(1)「留學走向大眾化，自費留學達 90%」：2010 年來自普通工薪家庭的留學生占到 34% 左右；(2)「留學日益低齡化，高考棄考人數增加」：2011 年中國僅高中生出境學習人數就占中國總留學人數的 22.6%，2010 年以來，北京、上海、南京等城市中放棄高考選擇出國留學的學生以每年 20% 左右的速度遞增。藍皮書指出，21 世紀以來，中國留學人員分布廣泛，大部分集中在美國、日本、英國、澳洲、加拿大、德國、法國等開發國家。中國留學生在國外的地域分布，在美洲留學的人數達 32.1%，在歐洲留學人數達 27.9%，在亞洲留學的人數達 25.2%，在大洋洲留學的人數則有 14.2%。

2. 吸引海外人才：盼回流政策改進

國際遷徙最大的負效應是人才流失，對亟需發展人才的中國無疑是一種損失。中國大陸 1955 年之前，「默認」雙重國籍。但此後，印尼等東南亞國家爆發大規模「排華潮」，懷疑中國向其「輸出革命」。為打消這些國家的疑慮，保護當地華人免遭迫害，中國政府宣布廢除雙重國籍，並將之寫入法律，延續至今。重提雙重國籍之事已爭論多年，我們需要冷靜思考：雙重國籍的利弊是什麼？

雙重國籍之利：吸引更多的人才、技術，防止財富流失。有利於增強中華民族的凝聚力，也有利於中國政府依法管理海外歸來人士。2010 年，中國社會科學院發布的《全球政治與安全》報告顯示，中國正在成為世界上最大移民輸出國，目前約有 4,500 萬華人散居世界各地，流失的精英數量居世界首位。

雙重國籍之弊：管理混亂，易造成法律權利和義務的衝突。如有人認為，對雙重國籍的人來說，如果兩國家利害發生衝突，他的選擇行為可能被視作是

對另一個國家的利益損害。

　　當前，全世界一百九十多個主權國，已有九十多個國家承認雙重國籍，促使人才回流。韓國、越南、墨西哥、菲律賓、巴西、印度、俄羅斯、臺灣、香港等，也承認或預設雙重國籍。我國嚴厲的單一國籍政策，實際上已不能滿足全球化時代人才流動的需求。改變或許已迫在眉睫。

　　如何吸引海外英才？當前，可以借鑑的做法是發放綠卡。從 2005 年開始，印度發放了 400 萬海外公民卡和 700 萬海外印裔卡。1996 年，印度僅有 7 萬人回國，現在回流達 70、80 萬人（孫宇挺，2011）。中國可以參考這一做法，發行「海外公民證」（原籍中國人士，可終身免簽證）以及「海外華裔卡」（第二代、第三代華裔，可十五年免簽證）。兩種證件都可以享受除選舉權及被選舉權等政治權利以外的本地居民待遇，這樣可對海外人才進行長期甚至永久性的引進。

■ 二、振興科技：刻骨銘心的夢想

　　科學是人類對自然認識的結果，也是人類本質力量的自我印證。科學所尋求的是去偽存真，它給人追求真理的力量。科學技術是人類戰勝自然、改造自然的武器，是保護人類生存發展最堅固的盾牌。科技影響現在，科技創造未來，科技推動社會發展！科技的每一次發展都是人類文明的一次飛躍，都是人類征服自然、超越自身的勝利。

　　百餘年的民族屈辱史告訴我們，愚昧落後就要挨打。所以「強國」一直是我們追求的目標。這種民族情結，使多少愛國志士飄洋過海，尋找救國之方，「教育救國」、「醫學救國」、「科技救國」、「馬列主義救國」等，都各有其道理，但都沒讓中國富強起來（政治的獨立不能代替社會的全面進步）。從世界各國發展壯大的根源來看，無一例外都是科技領先，科學影響著國家興亡、民族強盛。體制改革＋科教興國，才是民族振興的正道。體制改革我們無能為力，這裡僅談「科學教育」。

（一）科學教育：科教興國的實效

科學教育是現代人所必需的科學素養的一種養成教育。它以全體青少年為主體，以學校為主陣地，以自然科學學科教育為主要內容，包括科學知識、科學觀念、科學方法、科學態度、科學精神、科學道德及科學的價值觀等。科技教育使上述科學素養內化為受教育者的信念和行為，從而使科學與每個公民的日常生活息息相關，讓科學精神和人文精神在現代文明中交融貫通，進而使青少年成為具有科學素養的合格公民。看看中國與外國的差距吧！

1. 科技與素養：熟悉與陌生的震撼

我們每天都生活在科技的懷抱中，每天都在享受著科技帶給我們的方便與快捷，如電燈、電話、電視、電腦、手機、MP3、電子商務、火箭、衛星、登月……科技融入了生活，也豐富了生活。我們的衣、食、住、行都離不開科技。可以說，人類造就了科技，科技也造就了人類，人類和科技是相互依存的關係。

然而，每天依偎在科技媽媽的懷抱裡，享受著科技奶水的中國人的科學素養卻很低。中國 2010 年公民具備基本科學素質的比例為 3.27%，約 97%的公眾對科學一般常識不知或知之甚少。而 1999 年，美國公眾的科學素養比重已達到了 17%。日本（1991）為 3%，加拿大（1989）為 4%，歐盟（1992）為 5%。調查顯示中國僅 3%的公民具備基本科學素質，詳見聯合早報網（http://www.zaobao.com/wencui/social/story20100928-188791）。

這說明中國公眾在基本的科學精神、科學意識、科學思維方法方面表現欠佳，還不完全具備辨別科學和偽科學的能力，用科學方法解決社會和生活中遇到的各種問題的能力有待提高。提升國民科學素質的形勢嚴峻，任務緊迫。

2. 已開發國家與快速發展國家：科學是國民強大的助推器

在美國，科學教育歷來占有突出的位置。二次大戰後，美國復興大綱《科學：沒有止境的前沿》中講到，退伍軍人不能不懂科學，要提供他們獎學金，讓他們再進學校。總統喬治‧布希提出，將美國變成一個終身學習的國家，大

力支持學校參與社會科學普及工作。柯林頓政府再次強調國家基金會有責任提高美國人的科學素質，柯林頓曾簽發《為了國家利益的科學》，提出了發展科學的 5 項國家目標，第五項即是提高全民科學素質，並指出改革美國教育制度，使美國孩子理解和認識科學（朱效民，1999）。

在英國，前首相柴契爾夫人發表演說：「不重視知識分子的國家、不重視科學技術的國家，必定走向滅亡。」（係柴契爾夫人在英國皇家學會舉行的 328 週年宴會上的講話）

在日本，講談社在 1960 年代創刊時就提出一個響亮的口號：讓每一個日本人口袋裡都有一本科普書籍，讓日本國民從小到大學科學、愛科學、懂科學。1990 年代初，講談社平均每年出版各種科普叢書三十餘種，為日本經濟騰飛做出了巨大貢獻（朱效民，1999）。

在以色列，自稱只有陽光、沙漠和大腦三種資源的國家，只用了半個世紀的時間，就建立起一個農業先進、工業發達、技術進步的現代化國家。被稱為以色列之父的本‧古里安說，沒有教育、沒有科學就沒有未來，也就沒有以色列（朱效民，1999）。

綜觀世界各國，凡是重視教育、科學的國家，經濟社會發展就快，反之就相對落後，這已經成為一條不言自明的公理。

科學素養是從科學的角度對人自身素質的一種認識。學生科學素養的形成是當前教育改革的重要追求目標，它不是讓學生臣服於科學，而是以科學文化為材料來培養學生內心自由的精神和行動上的創造性。它也不是老師教出來的，而是在具體的科學學習活動中養成的。

目前中國對科學教育不夠重視，科學教育的投入比例相對較低，教師科學素養不高，教學內容陳舊、方法落後，科技教育的功能和作用不能被充分發揮出來，如不加大投入力度，科教興國戰略將成為空話。

（二）育科技英才：大學欲振興

目前全國各重點大學為回應「錢學森之問」，在培育傑出人才的方法上不斷創新，下面僅舉有代表性的大學及英才教育模式。

示例 6-13　北京大學：從元培班到元培學院

　　北大為了探索出一條與世界一流大學相適應，適合校情、適合國情、面向現代化、面向世界、面向未來的人才培養之路，2001 年 5 月啟動了元培計畫。2001 年秋元培實驗班招生，招收 81 名學生，以後每年招收 100 至 150 名學生，實行四年全程管理，學生不分專業按年級分班混住，學生在低年級實施通識教育，自主選擇課程和專業，彈性學習年限。每班設有 1 至 2 名專職輔導員，2007 年 7 月在此基礎上成立元培學院（第一個非專業類本科學院），學生大部分為保送生或高考分數排名靠前的新生。

　　進校後，一般在第三學期末，再根據自己的志趣選擇專業意向，確定專業。

學生可在導師指導下根據自己的情況安排三至五年的學習計畫，少則三年即可畢業。若在四年內仍未完成本科階段的學習任務，則第五年仍可繼續修讀，直至修滿學分，獲得畢業證書為止。

（資料來源：www.gotopku.cn/data/deta...php？id=4541，2007 年 12 月 7 日）

示例 6-14　清華大學：數理基礎科學班

　　清華大學為了精心培養有志於從事基礎科學研究的頂尖創新人才，1998 年創建數理基礎科學班，2003 年開設「化學—生物學基礎科學班」，每年招收 30 名學生，主要包括學科競賽獲獎者、保送生及從各理工科院系通過全校性第二次面試選拔的學生。2005 年，由數理基礎科學培養模式擴大到理學院的數學系和物理系的全部，以及資訊學院一部分。按照數理基礎科學專業統一招生。化學、生物學的學生，前兩年學習基礎課和化學、生物學的核心課程，著重打好化學和生物學基礎的同時，加強理科全面素養和人文科學思想的培養。多學科領域的交叉，將會產生新的學科生特長，將有更廣闊的發展前景。

　　數理基礎科學專業實行統一招生、因材施教、分流培養。基本培養模

式如：

其一，統一按照數理基礎科學專業招生，進校後按同學的興趣取向編班；其二，聘請校內外優秀教師授課；其三，前兩年主要依託理學院加強數理基礎培養、實施學生管理；其四，二年級末按照學校規模控制、院系和學生雙向選擇的原則完成專業分流；其五，分流以後，學生按照所在專業的培養方案完成後續學習任務，合格者可獲得所在院系（專業）的畢業證書和學士學位證書。

（資料來源：取自百度 http://baike.baidu.com，2012 年 6 月 27 日）

示例 6-15　南京大學：由少年班→……→匡亞明學院

1985 年成立少年班，開始在全國招收少年大學生，嘗試超常人才的培養。但在 1989 年後，由少年班→基礎學科教學強化部→基礎學科教育學院→匡亞明學院，透過推薦和選拔提前招生，在全國首創大理科、大文科人才培養模式。強化部每年招收學生 80 至 90 人，其中 70% 左右為理科生，其餘為文科生。為了進一步推廣強化部的辦學模式，南大於 1998 年 4 月組建基礎學科教育學院，學院包括貫通文、史、哲的大文科強化班，大理科實驗班和物理、天文、化學等多個學科方向的基地班，學生入學後可以按「多次選擇、逐步到位」的分流方式來確定修讀的專業方向。2006 年，正值南京大學老校長匡亞明百歲冥誕，基礎教育學院更名為匡亞明學院，它已成為學校本科教學改革的窗口。

（資料來源：張亞權，2013）

示例 6-16　北京航空航太大學：三種英才教育模式

● 高等工程學院，2009 年獲批北京市級人才培養模式創新試驗區。每年從全校新生中擇優選拔 50 人左右組建班級，以「一制三化」及四維人才培養模式，努力探索適合北航實際情況的精英人才培養道路，為國家培養

優秀的領軍人才。

● 中法工程師學院，成立於 2004 年 11 月 2 日。進入教育部首批「卓越工程師教育培養計畫」，成為中國首個獲得國際工程師資質認證的學院。他們在獲得北航碩士學位及法國工程師職銜委員會認定的北航中法工程師學院工程師文憑後，可以就業，也可在中國或到法國繼續攻讀博士學位。

● 華羅庚班，成立於 2009 年，是北航數學與系統科學學院和中國科學院數學與系統科學研究院聯合成立的數學實踐的頂級平臺，實行「一生一師」導師制的個性化培養，北航授予畢業生理學或工學學位及畢業證書，中科院也將授予學習證書。同時還將保送學生到北航和中國科學院讀研攻博。這種培養方式促成了數學與空、天、信等多學科深度融合的格局。

（資料來源：陳新，2013）

示例 6-17　浙江大學：由混合班→……→竺可楨學院

　　1984 年創辦工科混合班。以「起點高、基礎厚、能力強，努力培養創造欲」為指導思想，培養具有理科素質的工科人才。每年從新入學的全校工科學生中選拔 5% 的學生，單獨編班，集中住宿，學校提供優越的學習、科研條件，選聘優秀教師對其進行特殊培養。在四年的本科學習階段，學生透過五次雙向選擇，選擇專業、導師、課程。選修課占 30% 左右，學生可跨系選課，鼓勵學科交叉，而後進入實驗室、課題組進行科學研究的訓練。

　　1994 年，設立工程教育高級班。1999 年，設立創新與創業管理強化班。2000 年 5 月，撤銷混合班，設立竺可楨學院。2006 年，竺可楨學院設立文、理、工、醫在內的多學科的創新人才培養體系。後又陸續增設英語雙學位班、外語＋Ｘ專業、李志文商學班、文化中國人才計畫班、設計創新班等。

（資料來源：陳勁，2013）

其他如復旦大學、上海交通大學、南開大學以及一些地方重點大學,如北京工業大學等,均有類似的實驗班。其競爭多表現在招收高分學生、加強教學管理、選派好老師、早進實驗室等方面,至於招生辦法及教育理念等均沒有什麼突破。總之,高校這場競爭已經拉開了帷幕,並等待實踐和時間的檢驗。

本章摘要

本章概述了:中國科大少年班辦學三十餘年,現已有數百名科技新星活躍在國內外科技前沿,回顧了有關大學及中學少兒班的興起,反思了中國超常教育滑坡的主客觀因素,以及當今中國科技英才奇缺的現狀和有關大學回應錢學森之問的教改措施等。

本章語錄

- 歷史給人啟示和智慧,反省以往的成敗是對生命和事業的負責及拯救。不會從以往的過失中吸取教訓的人,他的成功之路是遙遠的。

- 向所有人提供單一程度的教育機會,其實是不公平的。為了做到真正的機會均等,學校應提供多元化、多層次的學習經驗,讓所有的兒童與青少年發展其才藝、能力與最高程度之潛能。

- 每一個專業都因社會需要而存在,「高、精、尖」也會轉化,今日的「高、精、尖」,也許就是明日的大眾化,電腦從神秘到普及就證明了這一點。

- 科學是人類對自然認識的結果,也是人類本質力量的自我印證。科學所尋求的是去偽存真,它給人追求真理的力量。科學技術是人類戰勝自然、改造自然的武器,是保護人類生存發展最堅固的盾牌。科技影響現在,科技創造未來,科技推動社會發展!科技的每一次發展都是人類文明的一次飛躍,都是人類征服自然、超越自身的勝利。

- 從世界各國發展壯大的根源來看,無一例外都是科技領先,科學影響著

國家興亡、民族強盛。

● 科學素養是從科學的角度對人自身素質的一種認識。學生科學素養的形成是當前教育改革的重要追求目標，它不是讓學生臣服於科學，而是以科學文化為材料來培養學生內心自由的精神和行動上的創造性。它也不是老師教出來的，而是在具體的科學學習活動中養成的。

請您深思

1. 教育改革的含義是什麼？教育能否做實驗？
2. 超常教育是教改之一，其成敗在哪裡？
3. 你如何看科學教育與國家強大的關係？
4. 你對兩個「綱要」及其實施有何見解？

參考資料

中文部分

三月雲淡風清（2012a）。清華有多少右派？取自 http://blog.sina.com.cn/s/blog_82c7dbe80100y0xk.html

三月雲淡風清（2012b）。北大有多少右派？取自 http://blog.sina.com.cn/s/blog_82c7dbe80100y1ro.html? tj=1

王大中（2007）。感謝母校讚美母校：六位名人回憶中學時代。光明日報，11月23日。

王丹紅（2011）。AAAS 會長黃詩厚諫言女性：追求科學再累也值得。科學時報，4月27日。

王文英、張卿華（1989）。超常學生與常態學生神經類型的比較研究。教育與現代化，3。

王辰越（2012）。諾貝爾獎獲得者862席位中女性只占43席背後。中國經濟週刊，10月23日。

王俊成、何靜（2013）。拔尖創新人才培養的北京八中模式。中小學管理，2，4-7。

王能智、曹彥彥（2010）。為師與師承：王能智老師教師培訓實錄。北京市：北京出版社。

王淨文（2011）。辛亥革命：啟迪公民意識：民國大師輩出民國教育雲蒸霞蔚。週末分享，30。

王磊（2012）。安徽兩「神童班」被叫停。中國青年報，7月15日。

石中英（2008）。論學校核心價值觀及其形成。中小學管理，10。

任蕙蘭（2011）。「貓爸」教出「哈佛女兒」。新民週刊，7。

全國十二所重點師範大學（2012）。心理學基礎（頁147）。北京市：教育科學
　　出版社。

朱效民（1999）。國民科學素質：現代國家興盛的根基。自然辯證法研究，1。

米桂山、鄭元緒（2011）。為人為師矗影梅。北京市：同心出版社。

呂渭源（1983）。個性心理品質與智力培養。武漢師範學院學報：哲學社會科
　　學版，1，84-90。

李希貴（2010）。五大模式，迎接人才培養模式改革的春天。中小學管理，8。

李希貴（2012）。組建科學實驗班。中小學管理，3。

李斌（2005）。親切的交談：溫家寶看望季羨林、錢學森側記。取自http://news.
　　xinhuanet.com/newscenter/2005-07/30/content_3287444.htm

李斌（2006）。國務院教育工作座談會側記：高等教育要提高品質辦出特色。
　　取自http://news.xinhuanet.com/politics/2006-11/27/content_5397435.htm

沈展雲（1993）。中國知識份子悲歡錄。廣州市：花城出版社。

肖遠騎（2010）。為拔尖創新人才成長「拉開大幕」：來自中國人民大學附屬
　　中學的探索。中小學管理，5。

良子、邱南（2010）。傳奇老太70歲創業身家千萬。南方都市報，3月9日。

周勇（2008）。文化名校之道：以汪懋祖時代的蘇州中學為例。全球教育展望，
　　5。

周凱（2010）。復旦校長：中國大學精神虛脫。中國青年報，6月22日。

周濟（2004）。高揚鄧小平理論偉大旗幟努力辦好讓人民滿意的教育。光明日
　　報，8月19日。

林崇德（1995）。天才兒童的教育。哈爾濱市：黑龍江教育出版社。

金沖及（2009）。20世紀中國史綱。北京市：社會科學文獻出版社。

金富軍（2006）。周詒春在清華學校的教育思想與實踐。高等教育研究，10。

查子秀（2006）。超常兒童心理學（第二版）。北京市：人民教育出版社。

柯進、張婷、高靓（2013）。我的中國教育夢。中國教育報，3月8日。

唐盛昌（2010）。以學校課程創新為突破推進創新人才的早期培育。基礎教育，7。

唐寶民（2012）。羞辱出來的諾貝爾獎。邯鄲日報，11 月 3 日。

孫立平（2011）。「收入倍增」莫成「支出倍增」。學習時報，1 月 17 日。

孫宇挺（2011）。專家稱，中組部引進海外人才範疇應進一步擴大。取自 http://www.chinanews.com/gn/2011/04-24/2994075.shtml

徐遲（1978）。「哥德巴赫猜想」報告文學。人民文學，1。

秦勉（2013）。大腦決定我是誰。北京青年報，2 月 18 日。

馬玉璽（2010）。走進山西高中新課堂。太原市：山西春秋電子音像出版社。

馬德（2005）。一粒種子的信念。語文世界：高中版，12。

張卓玉（2009）。第二次教育革命是否可能：人本主義的回答。北京市：商務印書館。

張瑜琨（2011）。一名大學畢業生的反思：我們的大學怎麼了？取自 http://www.hb.xinhuanet.com/hbcampus/2011-01/04/comtert-21783890.htm

教育部（2010）。中國教育概況：2010 年全國教育事業發展情況。取自 http://www.moe.edu.cn/publicfiles/business/htmlfiles/moe/s5990/201111/126550.html

曹原（2011）。美國英才教育政策研究。北京市：北京師範大學。

曹衛華（2011）。目標與成功。成才之路，29，115。

梁衡（1991）。科學發現演義。山東：山東科學技術出版社。

梅汝莉（2011）。林礪儒中等教育目的論的啟示。中小學管理，4。

梅汝莉（2012）。創新型教師：扶持學生「登天」的「布衣卿相」：從《為人為師聶影梅》新書發布會談起。中小學管理，5。

莫言（1998）。三十年前的一次長跑比賽。收穫，1。

莫言（2000）。莫言散文。杭州市：浙江文藝出版社。

莫言（2004）。莫言代表作：民間音樂。瀋陽市：春風文藝出版社。

許芹（2013）。突破中考限制整體構建中學階段英才教育課程體系──基於江蘇省天一中學英才教育課程設計與實施的若干思考。中小學管理，2。

郭黎岩、王東、田玲（2011）。提升中小學生學習力：基於腦科學的實踐探索。

中小學管理，9。

郭鐵成、張赤東（2011）。我國對外技術依存度究竟是多少。學習時報，11月14日。

閆桂勳（2012）。北大右派分子改正考。炎黃春秋，7，53-56。

陳文傑（2006）。逃票的幾率。人民文摘，1，9。

陳穎（2010）。優才教育校本課程：助推領袖素質人才培養：東北育才學校服務於中學生領導力提升的課程實踐。中小學管理，7。

賀延光（2012）。北大教授：大學正培養利己者掌權比貪官危害大。中國青年報，5月3日。

賀淑曼（2001）。個性優化與人才發展。北京市：世界圖書出版公司。

賀淑曼、吳武典、劉彭芝（2008）。圓普通人的天才夢：超常人才教育。北京市：北京工業大學出版社。

賀淑曼、陳龍安、陳勁（2009）。創新與超常發展：像天才一樣思維。北京市：北京工業大學出版社。

賀淑曼、聶振偉、金樹湘（1999）。人際交往與人才發展。北京市：世界圖書出版公司。

賀淑曼等人（1999）。成功心理與人才發展。北京市：世界圖書出版公司。

雅科卡、諾瓦克（1988）。美國實業界鉅子雅科卡自傳（增訂新版）。北京市：中國對外翻譯出版公司。

項紅專（2010）。錢學森就讀時的北師大附中。中小學管理，7。

馮大鳴（2009）。英國英才教育政策：價值轉向及技術保障。教育發展研究，4，56-59。

馮茁（2011）。論教育場域中的對話：基於教師視角的哲學解釋學研究。北京市：教育科學出版社。

黃文（2004）。挖掘潛能造就人才：訪臺灣師範大學前教育學院院長吳武典教授。中國教育報，11月19日。

黃文（2008）。站在拔尖創新人才培養最前沿：超常教育30年探索不輟。中國教育報，12月29日。

楊佩昌（2011）。為什麼德國民富國強？取自 http://www.21ccom.net/articles/qqsw/qqgc/article_2011080542519.html

楊芷湄（2012）。爸爸，請您「跪」下來跟我說話。南都週刊，23。

董俊峰（2000）。新加坡的「天才教育計畫」。外國教育研究，4，51-53。

賈莎莎（2010）。布雷爾執政時期英國教育改革中「第三條道路」的價值觀分析。北京市：北京師範大學。

趙大恆、龔正行（2007）。超常兒童成長的地方。北京市：學苑出版社。

趙民（1994）。「神童」未必成「龍」大器可以晚成。天津師範大學學報：社科版，3，38-41。

劉長銘（2010）。高中三年，盡力做好 18 件事。讀書文摘：青年版，10，14。

劉彥君（2010）。張伯苓中學辦學理念初探。重慶市：重慶師範大學。

劉道玉（2009）。徹底整頓高等教育十意見書。南方週末，2 月 26 日。

慧汝（2011）。為了生命的尊嚴：有一種愛，讓我們不再陌生。北京市：中央編譯出版社。

歐巴馬（2011）。讚美你：奧巴馬給女兒的信。北京市：中國青年出版社。

潘曉凌、閻靖靖（2010）。多少精英正在移民海外他們尋求什麼。南方週末，6 月 3 日。

鄭慧青（2006）。一位「差生」成功的啟示。青年博覽，4。

魯迅（1973）。未有天才之前：魯迅，墳。北京市：人民文學出版社。

錢永健（2009）。諾獎得主錢永健：愛「色」的螢光頑童。時代週報，12 月 30 日。

薛紅霞（2011）。山西課堂教學模式改革：課堂中的教育革命。中小學管理，6。

薛湧（2006）。美國高等教育的產業化與大學校長：美國大學漫談之三。東方早報，1 月 2 日。

薛湧（2009）。一歲就上常青藤。北京市：中國青年出版社。

謝文輝（2006）。以正確的方式做正確的事。取自 http://www.chinahrd.net/career-manage/team-building/2006/0327/43128.html

英才教育
天生我材必有用

韓洪剛（2010）。遷徙的自由：美好人生附麗於社會土壤。時代週報，6 月 24 日。

顏昌海（2011）。「錢學森之問」根本的答案就在這裡：為什麼現在我們的學校總是培養不出傑出人才。取自 http://www.aisixiang. com/data/48644.html? page=2

羅德宏（2011）。四中人大附一成尖子棄考出國。北京晨報，6 月 8 日。

蘇洛（2010）。周詒春：清華大學的奠基人。教育與職業，5。

顧明遠（2011）。讓懂得教育的教育家辦學。現代遠端教育研究，4。

龔正行（2005）。給新校長的 50 條建議。北京市：人民教育出版社。

■ 英文部分

Braggett, E. J., & Moltzen, R. I. (2000). Programs and practices for identifying and nurturing giftedness and talent in Australia and New Zealand. In K. A. Heller, F. J. Monks, & R. J. Sternberg et al. (Eds.), *International handbook of research and development of giftedness and talent* (2nd ed.) (pp. 779-786). New York, NY: Pergamon Press.

DfES (2006a). *Identifying gifted and talented pupils getting started*. Nottingham, UK: Author.

DfES (2006b). *Effective provision for gifted and talented children in primary education*. Nottingham, UK: Author.

Haight, A. (2005). *Inclusiveness and teacher attitudes in the identification of gifted and talented pupils in excellence in cities and excellence cluster schools*. Retrieved from http://www.brookes.ac.uk/schools/education/rescon/randc.html

Office of Educational Research and Improvement (1993). *National excellence: A case for developing America's talent*. Washington, DC: U. S. Department of Education.

Wong, F. S. (2006). Australia: Growing green thumbs for tall poppies. *The Journal Gifted, 141*, 24-25.

臺灣出版後記

　　本書是當今中國教育史上第一部英才教育學，是由大陸超常人才專業委員會創始人賀淑曼教授著，並負責全書的設計、審稿、統稿、修改。

　　在此本人首先感謝我的二十年老朋友臺灣資優教育創始人——吳武典教授，他參與了本書在大陸首次出版和修訂版，他對本書在臺灣出版也做出了巨大的努力，讓我由衷的感動和感恩老友！

　　特別感謝臺灣心理出版社，具有敏銳的慧眼，在大陸教育理論高端出版社即教育科學出版社之後，能用繁體字出版《英才教育：天生我材必有用》，這不僅繁榮了兩岸文化教育的交流，也為海外華人的英才教育提供了新的閱讀圖書和思路，這是一件功德無量的大好事。在此特別感恩出版社的洪有義董事長，及特別費心的林敬堯總編和林汝穎編輯。

　　特別感謝大陸教育科學出版社，尤其是劉燦主任及責編閆景、楊建偉等為本書第一版和修訂版的審稿、編校、宣傳、行銷等做出的巨大努力。

　　感恩我的四位老朋友：吳武典、林崇德、王通訊、蔡典謨為本書寫了「名家推薦」。

　　同時也感謝我的先生沈蘭蓀教授（原北京工業大學副校長、歐亞科學院院士）在幕後對我的大力支持。

　　希望對英才教育有興趣的各方讀者，能喜歡本書。

賀淑曼

2016 年 8 月 22 日

國家圖書館出版品預行編目（CIP）資料

英才教育：天生我材必有用／賀淑曼著.
--初版. --新北市：心理，2016.09
面； 公分. --（資優教育與潛能發展系列；
62038）

ISBN 978-986-191-732-0（平裝）

1. 教育　2. 人才　3. 培養

520　　　　　　　　　　　　　　　105016792

資優教育與潛能發展系列 62038

英才教育：天生我材必有用

作　　者：賀淑曼
責任編輯：李　晶
執行編輯：林汝穎
總　編　輯：林敬堯
發　行　人：洪有義
出　版　者：心理出版社股份有限公司
地　　址：231 新北市新店區光明街 288 號 7 樓
電　　話：(02) 29150566
傳　　真：(02) 29152928
郵撥帳號：19293172 心理出版社股份有限公司
網　　址：http://www.psy.com.tw
電子信箱：psychoco@ms15.hinet.net
駐美代表：Lisa Wu（lisawu99@optonline.net）
電腦排版：龍虎電腦排版股份有限公司
印　刷　者：龍虎電腦排版股份有限公司
初版一刷：2016 年 9 月
Ｉ Ｓ Ｂ Ｎ：978-986-191-732-0
定　　價：新台幣 300 元

■有著作權·侵害必究■
原作品名稱為《天生我材必有用：英才教育學》（賀淑曼等著）由教育科學
出版社於 2013 年出版發行。此繁體中文版由教育科學出版社授權心理出版
社股份有限公司翻譯出版。版權所有，侵權必究。